Règlement et programmes du baccalauréat ès lettres. Brochure in-12. 15 c.

Règlement et programmes du baccalauréat ès sciences. Brochure in-12. 30 c.

Notions de philosophie, par M. Jourdain, agrégé des Facultés des lettres. Huitième édition mise en harmonie avec le dernier programme officiel en date du 10 juillet 1863. 1 volume in-12, broché.   3 fr.

Cours d'histoire, rédigé conformément aux derniers programmes officiels, à l'usage des classes de grammaire et d'humanités, par M. V. Duruy. 6 vol. in-12, avec cartes géographiques. cartonnés :

Abrégé d'histoire ancienne (Classe de sixième). 1 vol.   2 fr. 50 c.

Abrégé d'histoire grecque (Classe de cinquième). 1 vol.   2 fr. 50 c.

Abrégé d'histoire romaine (Classe de quatrième). 1 vol.   2 fr. 50 c.

Histoire de France et du moyen âge, du ve au milieu du xive siècle (Classe de troisième). 1 volume.   3 fr. 50 c.

Histoire de France, du moyen âge et des temps modernes, du xive au milieu du xviie siècle (Classe de seconde). 1 volume.   3 fr. 50 c.

Histoire de France et des temps modernes, depuis l'avénement de Louis XIV jusqu'à 1815 (Classe de rhétorique). 1 volume.   3 fr. 50 c.

Petite histoire de France, depuis les temps les plus reculés jusqu'en 1863, par M. V. Duruy. Nouvelle édition. 1 volume avec une carte de France, cartonné.   1 fr.

Histoire contemporaine, depuis 1789 jusqu'à nos jours, rédigée conformément au programme officiel arrêté le 24 septembre 1863, pour l'enseignement de l'histoire dans la classe de Philosophie, par M. Ducoudray, ancien élève de l'École normale supérieure, agrégé d'histoire. 1 volume in-12.

Cours de géographie, rédigé conformément aux derniers programmes officiels, à l'usage des classes de grammaire et d'humanités, par M. Cortambert. 6 volumes in-12, cartonnés :

Géographie physique du globe et Géographie générale de l'Asie moderne (Classe de sixième). 1 volume.   75 c.

Géographie générale de l'Europe et de l'Afrique modernes (Classe de cinquième). 1 volume.   75 c.

Géographie générale de l'Amérique et de l'Océanie (Classe de quatrième). 1 volume.   75 c.

Description particulière de l'Europe (Classe de troisième). 1 vol. 1 fr. 50 c.

Description particulière de l'Asie, de l'Afrique, de l'Amérique et de l'Océanie (Classe de seconde). 1 vol.   2 fr.

Géographie physique et politique de la France (Classe de rhétorique). 1 volume.   1 fr. 50 c.

Arithmétique, par M. Vernier, ancien inspecteur de l'Académie de Paris. Onzième édition mise en harmonie avec les programmes du 12 septembre 1863 pour l'enseignement de l'arithmétique dans les classes de Quatrième, de Troisième et de Philosophie (section des lettres). 1 volume in-12, cartonné. 2 fr.

Géométrie, par M. Vernier. Quatorzième édition mise en harmonie avec les programmes du 12 septembre 1863, pour l'enseignement de la géométrie dans les classes de Quatrième, de Troisième, de Seconde et de Philosophie (section des lettres). 1 vol. in-12, cartonné.   2 fr. 50 c.

PROGRAMMES OFFICIELS

POUR

L'ENSEIGNEMENT SECONDAIRE CLASSIQUE

ET POUR

L'ENSEIGNEMENT SECONDAIRE PROFESSIONNEL

Paris. — Imprimerie de Ch. Lahure, rue de Fleurus, 9.

PROGRAMMES OFFICIELS

POUR

L'ENSEIGNEMENT SECONDAIRE CLASSIQUE

ET POUR

L'ENSEIGNEMENT SECONDAIRE PROFESSIONNEL

AVEC

LES INSTRUCTIONS MINISTÈRIELLES QUI S'Y RAPPORTENT

PARIS

LIBRAIRIE DE L. HACHETTE ET Cie

BOULEVARD SAINT-GERMAIN, N° 77

Octobre 1863

PROGRAMMES OFFICIELS

POUR

L'ENSEIGNEMENT SECONDAIRE CLASSIQUE

ET POUR

L'ENSEIGNEMENT SECONDAIRE PROFESSIONNEL

(Octobre 1863.)

ENSEIGNEMENT RELIGIEUX.

L'enseignement religieux des lycées est obligatoire pour tous les élèves internes, à quelque classe qu'ils appartiennent.

Au commencement de l'année, les élèves externes dont les parents le demandent, sont admis aux cours de l'enseignement religieux. Ces cours sont dès lors obligatoires pour eux.

L'enseignement religieux est donné une fois par semaine à chaque division d'élèves, y compris la division de l'enseignement professionnel.

Chaque leçon est d'une heure.

Dans la division supérieure, les élèves de troisième, ceux de la section des lettres et ceux de la section des sciences des classes de seconde, de rhétorique et de philosophie sont réunis pour recevoir en commun l'enseignement religieux.

L'enseignement religieux donne lieu à des compositions périodiques et aux mêmes récompenses que les autres enseignements obligatoires.

La répartition des divers cours d'enseignement religieux entre les ecclésiastiques attachés à chaque établissement, aussi bien que l'ordre des compositions, et généralement tout ce qui a rapport au service et à l'enseignement religieux de chaque établissement public d'instruction secondaire, est réglé par le proviseur ou principal, de concert avec l'aumônier en tout ce qui concerne la disci-

1

pline. Ce règlement est soumis chaque année à l'approbation de l'évêque diocésain.

L'inspection officielle de l'enseignement religieux est faite au nom de l'évêque diocésain et par ses délégués, en présence du proviseur ou principal, ou de tel autre représentant du Ministre de l'instruction publique.

Des mesures d'exécution analogues sont prescrites pour les élèves des cultes non catholiques reconnus.

DIVISION ÉLÉMENTAIRE.

CLASSE PRÉPARATOIRE.

Lecture et récitation, avec explication des mots et des phrases.
Écriture.
Exercices d'orthographe.
Grammaire française : Noms, adjectifs, verbes.
Histoire sainte jusqu'au schisme des dix tribus (récitation et inter-
  rogation).
Géographie : Explication des termes. — Divisions principales du
  globe et de l'Europe.

Évangiles des dimanches en français.
Histoire sainte, approuvée par l'évêque diocésain.
Grammaire française de Lhomond.

CLASSE DE HUITIÈME.

Lecture et récitation, avec explication des mots et des phrases.
Écriture.
Exercices d'orthographe.
Grammaire française : Révision et continuation.
Grammaire latine, première partie.
Thème latin.
Version latine.
Histoire sainte, révision et continuation jusqu'à la dispersion du
  peuple hébreu (récitation et interrogation).
Géographie générale : Notions élémentaires.
Calcul : Les quatre règles enseignées par la pratique.
Dessin linéaire au crayon et à la plume.

Évangiles des dimanches en français.
Histoire sainte, approuvée par l'évêque diocésain.

Grammaire française de Lhomond.
Grammaire latine de Lhomond.
Fénelon : *Fables*.
Epitome historiæ sacræ, dans le second semestre.

CLASSE DE SEPTIÈME.

Lecture et récitation, avec explication des mots et des phrases.
Écriture.
Exercices d'orthographe.
Grammaire française : Révision et continuation.
Grammaire latine : Révision de la première partie; étude de la
  syntaxe jusqu'aux questions de lieu.
Exercices d'analyse grammaticale de vive voix et au tableau.
Explication d'auteurs latins.
Thème latin.
Version latine.
Histoire de France d'après un livre élémentaire de la nature de ceux
  qui sont approuvés pour les écoles primaires.
Géographie de la France : Limites. — Montagnes. — Fleuves. —
  Anciennes provinces. — Départements avec leurs chefs-lieux.
Calcul : Révision. — Système légal des poids et mesures.
Dessin linéaire au crayon et à la plume.

Évangile des dimanches en français.
Histoire de France, approuvée pour les écoles primaires.
Grammaire française et latine de Lhomond.
Fénelon : *Morceaux choisis*.
La Fontaine : *Fables choisies*.
Epitome historiæ sacræ.
Epitome historiæ græcæ.
De Viris illustribus urbis Romæ.

ENSEIGNEMENT SECONDAIRE CLASSIQUE.

DIVISION DE GRAMMAIRE

EXAMEN D'ADMISSION DANS LA DIVISION DE GRAMMAIRE [1].

Lecture à haute voix.

Dictée d'orthographe.

Interrogations sur les parties de la grammaire française et de la grammaire latine qui ont été enseignées dans la division élémentaire.

Explication d'un passage choisi dans les vingt-cinq premiers chapitres de l'*Epitome historiæ græcæ*.

Dans la division de grammaire, les classes de langues vivantes sont obligatoires à partir de la sixième. Deux leçons par semaine, d'une heure chacune, en dehors des heures ordinaires de classes, sont consacrées à cet enseignement [2].

CLASSE DE SIXIÈME.

Récitation d'auteurs français et latins.

Grammaire française : Révision.

Grammaire latine : Révision ; continuation de la syntaxe ; étude de la première partie de la *Méthode*, jusques et y compris les adverbes de quantité.

Grammaire grecque : Les déclinaisons et les conjugaisons jusqu'au chapitre consacré à l'aoriste second.

Explication d'auteurs français et latins , et d'auteurs grecs dans le second semestre.

Thème latin.

Version latine.

Histoire ancienne, première partie : Histoire de l'Orient. (Voy. le programme I, p. 21.)

---

1. Il y a lieu de penser que cet examen, qui suffit pour être admis dans la division de grammaire, suffira pour être admis dans la division de l'enseignement professionnel, et qu'il équivaudra pour le moins à l'examen sur les matières de l'enseignement primaire.

2. Voyez pour la méthode à suivre la circulaire du 29 septembre 1863 ci-après, p. 144.

Géographie physique du globe. — Géographie générale de l'Asie moderne. (Voy. le programme II, p. 22.)
Anglais, allemand, italien ou espagnol.
Révision des exercices pratiques de calcul.
Dessin d'imitation. (Voy. le programme III, p. 23.)

Maximes tirées de l'Écriture sainte, par Rollin (texte latin).
Grammaire française et latine de Lhomond.
Grammaire grecque de Burnouf.
Fleury : *Mœurs des Israélites.*
Morceaux choisis de prose et de vers des classiques français.
Selectæ e profanis scriptoribus historiæ.
Phèdre : *Fables.*
Ésope : *Fables* (dans le second semestre).

CLASSE DE CINQUIÈME.

Récitation : Textes français et latins. — Les cent premières décades des racines grecques.
Grammaire française.
Grammaire latine : Révision de la syntaxe. — Étude complète de la méthode.
Grammaire grecque : Révision ; continuation de l'étude de la conjugaison ; syntaxe générale.
Explication d'auteurs français, latins et grecs.
Thème latin.
Version latine.
Version grecque.
Histoire ancienne, seconde partie; Histoire de la Grèce. (Voy. le programme IV, p. 23.)
Géographie générale de l'Europe et de l'Afrique modernes. (Voy. le programme V, p. 24.)
Anglais, allemand, italien ou espagnol.
Révision des exercices pratiques de calcul.
Dessin d'imitation. (Voy. le programme VI, p. 25.)

Maximes tirées de l'Écriture sainte, par Rollin (texte latin).
Grammaires française et latine de Lhomond.
Grammaire grecque de Burnouf.
Morceaux choisis de prose et de vers des classiques français.
Fleury : *Mœurs des chrétiens.*
Racine : *Esther.*
Cornélius Népos.
Ovide : *Choix des Métamorphoses.*
Évangile selon saint Luc (texte grec).
Lucien : *Choix des Dialogues des morts.*

CLASSE DE QUATRIÈME.

Récitation : Textes français et latins. — Fin et révision des racines grecques.

Grammaire latine : Révision générale; étude spéciale des parties les plus importantes ; rapprochements avec la langue française et la langue grecque.

Grammaire grecque : Révision des déclinaisons et de la conjugaison. — Étude des règles les plus utiles de la syntaxe particulière.

Notions élémentaires de prosodie latine.

Explication d'auteurs français, latins et grecs.

Thème latin.

Version latine.

Version grecque.

Histoire ancienne, troisième partie : Histoire de Rome. (Voy. le programme VII, p. 25.)

Géographie générale de l'Amérique et de l'Océanie. (Voy. le programme VIII, p. 26.)

Anglais, allemand, italien et espagnol.

Dessin d'imitation et d'ornement. (Voy. le programme, IX, p. 27.)

Maximes tirées de l'Écriture sainte, par Rollin (texte latin).
Grammaires française et latine de Lhomond.
Grammaire grecque de Burnouf.
Les Racines grecques.
Prosodie latine.
Morceaux choisis de prose et de vers des classiques français.
Fénelon : *Télémaque.*
Racine : *Athalie.*
Cicéron : *Choix de Lettres familières.*
Quinte-Curce.
César : *de Bello Gallico.*
Virgile : *Églogues.*
Évangile selon saint Luc (texte grec).
Xénophon : *Cyropédie.*
Plutarque : *Vie de Cicéron.*

Une leçon par semaine est réservée aux éléments de l'arithmétique et à des notions préliminaires de géométrie enseignés par un professeur spécial. (Voy. le programme XI, page 27.)

EXAMEN DE GRAMMAIRE.

L'examen de grammaire est fait par le proviseur ou le censeur, le principal ou sous-principal, assisté du professeur de troisième et du professeur de quatrième.

Cet examen se compose :

1° D'une version latine;

2° De l'explication de trois textes français, latin et grec, choisis dans les auteurs vus en quatrième;

3° D'interrogations sur les trois grammaires ;

4° De questions sur l'histoire et la géographie, enseignées dans les classes de grammaire.

5° D'opérations d'arithmétique.

Le certificat d'aptitude délivré dans un lycée ou collége communal est valable pour tous les établissements publics.

Il est délivré sans examen aux élèves qui ont rempli une des trois conditions suivantes : 1° avoir été rangés, d'après l'ensemble de toutes les compositions, dans la première moitié de la classe de quatrième; 2° avoir été inscrit pour deux facultés différentes au tableau d'honneur dans le courant de l'année; 3° avoir obtenu dans cette année un prix ou deux *accessit*.

DIVISION SUPÉRIEURE

§ 1er.

CLASSE DE TROISIÈME.

Français, latin et grec.

Le cours de français, de latin et de grec a par semaine sept ou six leçons alternativement.

Récitation d'auteurs français, latins et grecs.

Exercices français : récits et lettres d'un genre simple.

Explication d'auteurs français, latins et grecs.

Version latine.

Thème latin.

Version grecque.

Thème grec.

Morceaux choisis de prose et de vers des classiques français.

Voltaire : *Vie de Charles XII.*

Boileau : *Satires.*

Cicéron : *Les discours contre Catilina, le Traité de l'Amitié.*

Salluste.

Virgile : *Épisodes des Géorgiques.*

Hérodote.

Plutarque : *Vies des hommes illustres.*

Choix de discours des Pères grecs.

Homère : *Iliade.*

Histoire et géographie.

Le cours d'histoire et de géographie a par semaine alternativement une ou deux leçons.

Histoire de France et histoire du moyen âge du ve au xive siècle. (Voy. le programme XII, page 28.)

Géographie : description particulière de l'Europe. (Voy. le programme XIII, p. 29.)

Enseignement scientifique.

L'enseignement scientifique de cette classe comprend :

Arithmétique et notions préliminaires d'algèbre. (V. le programme XIV, p. 31.)

Éléments de géométrie plane. (V. le programme XV, p. 32.)

Deux leçons par semaine sont attribuées à cet enseignement.

Dessin linéaire et d'imitation.

Pour l'enseignement du dessin linéaire, voir le programme XVI, p. 35.

Pour le dessin d'imitation et d'ornement, voir le programme XVII, p. 35.

Langues vivantes.

Les langues vivantes sont enseignées dans deux leçons d'une heure chacune, prises en dehors des heures ordinaires des classes. Ce cours est facultatif pour les élèves de la division supérieure, qui sont répartis entre les quatre années, non pas suivant le numéro de leur classe, mais suivant leurs forces [1].

---

§ 2.

ENSEIGNEMENT COMMUN

A LA SECTION DES LETTRES ET A LA SECTION DES SCIENCES.

Cet enseignement, qui commence à la classe de seconde et se termine à la classe de philosophie inclusivement, comprend le français, le latin, l'histoire, la géographie, les langues vivantes, la philosophie, le dessin d'imitation et d'ornement.

---

1. Voir pour la méthode à suivre la circulaire ci-après du 29 septembre 1863, p. 144.

DIVISION SUPÉRIEURE. — ENSEIGNEMENT COMMUN.

Dans les classes de seconde et de rhétorique, le cours de français et de latin a par semaine quatre ou trois leçons alternativement, le cours d'histoire et de géographie une ou deux. Les cours de langues vivantes ont chacune deux leçons par semaine d'une heure, placées en dehors des heures ordinaires de la classe. Les élèves sont répartis pour l'enseignement des langues vivantes, non pas suivant la classe à laquelle ils appartiennent, mais suivant leur force. L'enseignement continue d'être facultatif dans la division commune, comme il l'était déjà dans la classe de troisième [1].

Pendant la troisième année ou année de philosophie, trois leçons de philosophie par semaine sont données aux deux sections réunies, quand elles se réunissent, ce qui n'arrive presque jamais, car les élèves de la section scientifique sont généralement dispensés de suivre le cours spécial de philosophie. Lorsqu'ils ne sont pas bacheliers ès sciences, ils peuvent se préparer à l'examen, en continuant de suivre avec les élèves de rhétorique (sciences) le cours élémentaire de philosophie fait le jeudi matin, pendant le premier semestre. Mais ils sont tenus d'assister au cours d'histoire contemporaine qui a lieu le soir.

Dans les lycées de Paris et dans les lycées des départements où le nombre des élèves permet la formation de deux divisions pour chacune des classes de rhétorique et de seconde, les élèves de la section des sciences cessent d'être réunis à la section des lettres pour l'enseignement littéraire.

Pour l'enseignement de l'histoire, de la géographie et des langues vivantes, les élèves des deux sections continuent d'être réunis.

Des prix spéciaux pour les études littéraires seront accordés, soit dans les distributions particulières des lycées ou colléges, soit dans la solennité du concours général, aux élèves de chaque section lorsqu'ils seront séparés.

Le professeur de mathématiques de la classe de troisième dresse, dans le dernier mois de l'année, une liste des élèves qui ne lui paraîtront pas pouvoir être admis, *sans examen*, à passer en secondes (sciences). Cette liste sera soumise au proviseur ou principal, et les familles seront prévenues que ces élèves auront à subir, dans la première semaine de la rentrée, un *examen de passage*. L'examen portera sur l'arithmétique, les éléments d'algèbre et la géométrie plane. Il sera fait par une commission composée du professeur de mathématiques de seconde, assisté d'un de ses collègues, sous la présidence du proviseur, du censeur ou principal. Les notes de l'examen de chaque élève seront consignées sur un registre que les inspecteurs généraux se feront représenter dans leur tournée.

1. Voir ci-après, pour la méthode à suivre, la circulaire du 29 septembre 1863.

CLASSE DE SECONDE.

Français et latin.

Récitation d'auteurs français.
Exercices français : récits, lettres, descriptions de divers genres.

Explication d'auteurs français et latins.
Version latine.

> Morceaux choisis de prose et de vers des classiques français.
> Fénelon : *Lettres à l'Académie.*
> Bossuet : *Discours sur l'histoire universelle.*
> Voltaire : *Siècle de Louis XIV.*
> Théâtre classique.
> Boileau : *Épîtres.*
> J. B. Rousseau : *OEuvres lyriques.*
> Tite-Live : *Narrationes excerptæ.*
> Cicéron : *Les discours contre Verrès, le Traité de la Vieillesse.*
> Virgile : *Les trois premiers livres de l'Énéide.*
> Horace : *Odes.*

Histoire et géographie.

Histoire de France, histoire du moyen âge et histoire moderne, du XIVe siècle au milieu du XVIIe. (Voy. le programme XVIII, p. 36.)
Géographie : description particulière de l'Asie, de l'Afrique, de l'Amérique et de l'Océanie. (Voy. le programme XIX, p. 37.)

Langues vivantes [1],

Dessin d'imitation.

Voir pour le dessin linéaire et d'imitation les programmes, p. 38.

CLASSE DE RHÉTORIQUE.

Français et latin.

Récitation d'auteurs français.
Notions élémentaires de rhétorique et de littérature. (V. le programme XXIII, p. 41.)
Exercices français : discours, analyses littéraires.
Explication d'auteurs français et latins.
Version latine.

> Morceaux choisis de Pascal, la Bruyère, Mme de Sévigné, Massillon, Fontenelle, Buffon.

---

1. Voir la note relative à l'enseignement des langues vivantes pour la classe de Troisième, p. 8.

Bossuet : *Oraisons funèbres.*
Fénelon : *Dialogues sur l'Éloquence.*
Massillon : *Le Petit Carême.*
Montesquieu : *Considérations sur les causes de la grandeur et de la décadence des Romains.*
Théâtre classique.
Boileau : *Art poétique.*
La Fontaine : *Fables.*
Conciones sive orationes collectæ.
Cicéron : *Le Songe de Scipion.*
César : *Commentaires.*
Pline l'Ancien : *Morceaux choisis.*
Tacite : *Annales.*
Virgile : *Les sept derniers livres de l'Énéide.*
Horace : *Satires, Épîtres, Art poétique.*

Histoire et géographie.

Histoire de France et histoire moderne depuis l'avénement de Louis XIV jusqu'à 1815. (Voy. le programme XXI. p. 38.)
Géographie physique et politique de la France. (Voy. le programme XXII, p. 40.)

Langues vivantes [1].

Dessin d'imitation et d'ornement.

Voir pour le dessin d'imitation et d'ornement le programme XXIV, p. 42.

CLASSE DE PHILOSOPHIE.

Il y a trois sortes d'exercices :
Rédactions de philosophie. (Voy. le programme XXV, p. 42.)
Dissertations françaises.
Cours d'histoire contemporaine. (Voy. le programme XXVI, p. 43.)

Langues vivantes [2].

Dessin d'imitation et d'ornement.

Voir pour le dessin d'imitation et d'ornement le programme XXVII, p. 51.

1. Voir la note relative à l'enseignement des langues vivantes pour la classe de Troisième, p. 8.
2. Voir la note relative à l'enseignement des langues vivantes pour la classe de Troisième, p. 8.

§ 3.

ENSEIGNEMENT PARTICULIER

A LA SECTION DES LETTRES.

Cet enseignement comprend d'une part l'étude approfondie des langues latine et grecque et de la philosophie, et d'autre part les cours de sciences qui conviennent aux élèves de la section littéraire.

Dans les classes de seconde et de rhétorique, chaque semaine, le cours de langue latine et grecque a, le matin, quatre leçons; le cours scientifique en a une.

Pendant la troisième année ou année de phylosophie, l'enseignement scientifique est donné, chaque semaine, dans les cinq leçons du matin. Le soir, outre les trois leçons communes aux deux sections, les élèves de la section des lettres reçoivent une troisième leçon de philosophie, destinée à compléter cette étude. Une autre leçon du soir est consacrée à la révision de l'enseignement littéraire compris dans les programmes du baccalauréat ès lettres.

Cette leçon est généralement remplacée aujourd'hui par une simple conférence, de sorte qu'une classe de plus peut être affectée à l'étude spéciale de la philosophie.

CLASSE DE SECONDE.

Langues latine et grecque.

Récitation d'auteurs latins et grecs.
Analyses littéraires d'auteurs latins et grecs.
Thème latin.
Narration latine.
Vers latins.
Thème grec.
Version grecque.

> *Excerpta e scriptoribus græcis* (d'Andrezel).
> Platon : *Apologie de Socrate.*
> Plutarque : *Un des traités moraux.*
> Homère : *Odyssée.*

Sciences.

L'enseignement scientifique de cette classe comprend :
Compléments d'algèbre élémentaire et éléments de géométrie dans l'espace moins les corps ronds. (Voy. le progr. XXVIII, p. 51.)

CLASSE DE RHÉTORIQUE.

Langues latine et grecque.

Récitation d'auteurs latins et grecs.
Analyses littéraires d'auteurs latins et grecs.
Discours latin.
Vers latins.
Version grecque.

Thucydide.
Démosthène : *Les Olynthiennes, les Philippiques, le Discours pour la couronne.*
Sophocle : Une tragédie.
Aristophane : *Plutus.*

Sciences.

L'enseignement scientifique de cette classe comprend :
L'étude des corps ronds. (Voy. le programme XXIX, p. 53.)
La cosmographie. (Voy. le programme XXX, p. 54.)

CLASSE DE PHILOSOPHIE.

Philosophie.

La leçon complémentaire de philosophie est consacrée :

1° A la dissertation latine;
2° A l'analyse des auteurs philosophiques dont les noms suivent :

Platon : *Le premier Alcibiade* et *le Gorgias.*
Aristote : *Les Analytiques.*
Cicéron : *De Officiis.*
Saint Augustin : *Soliloques.*
Bacon : *Novum Organum.*
Descartes : *Le Discours de la méthode. — Les Méditations* (texte latin).
Pascal : *De l'Autorité en matière de philosophie. — Réflexions sur la géométrie en général. — De l'art de persuader.*
Logique de Port-Royal.
Malebranche : *Recherche de la vérité.*
Bossuet : *Traité de la connaissance de Dieu et de soi-même. — Traité du libre arbitre. — Logique.*
Fénelon : *Traité de l'existence de Dieu. — Lettres sur divers sujets de métaphysique.*
Pensées de Leibnitz, par l'abbé Émery.
Euler : *Lettres à une princesse d'Allemayne* (édition complète).

Révision de l'enseignement littéraire.

Une leçon par semaine est consacrée :
1° A l'explication des auteurs français, latins et grecs;
2° A des exercices de traduction et de composition.

Sciences.

Trois leçons par semaine sont consacrées aux *mathématiques* dans le premier semestre, et deux leçons dans le second. (Voy. le programme XXXI, p. 55.)

Deux leçons par semaine sont consacrées aux *sciences physiques et naturelles* dans le premier semestre, et trois dans le second. (Voy. les programmes XXXII, XXXIII et XXXIV, p. 56 et 57.)

---

§ 4.

ENSEIGNEMENT PARTICULIER

A LA SECTION DES SCIENCES.

Cet enseignement comprend l'arithmétique, l'algèbre, la géométrie et ses applications, la trigonométrie rectiligne, la cosmographie, la physique, la mécanique, la chimie, l'histoire naturelle, les éléments de philosophie, le dessin linéaire.

En seconde et en rhétorique, l'enseignement scientifique est donné dans les cinq leçons du matin. De plus, le jeudi matin, pendant le second semestre, sera consacré en rhétorique à une révision générale des cours scientifiques.

Pendant le premier semestre, les élèves de la rhétorique (sciences) qui en feront la demande, suivront le jeudi matin un cours élémentaire de philosophie. (Voy. le programme LIII, p. 76.)

Dans la troisième année ou année de philosophie, chaque semaine, outre les deux leçons de philosophie et la leçon d'histoire qui leur sont communes avec les élèves de la section des lettres, les élèves de la section des sciences reçoivent le soir une leçon consacrée à la révision de l'enseignement littéraire. La cinquième leçon du soir et les cinq leçons du matin sont employées à la révision de l'enseignement scientifique, et distribuées de telle sorte que les élèves aient la faculté d'approfondir le genre de sciences appropriées aux carrières qu'ils se proposent de suivre.

Pendant les deux années de seconde et de rhétorique, chaque semaine le dessin linéaire est enseigné dans deux séances d'une heure placées hors des heures ordinaires des classes, ou dans une séance unique de deux heures.

CLASSE DE SECONDE.

L'enseignement scientifique de cette classe comprend :
Compléments d'arithmétique et d'algèbre. (Voyez le programme XXXV, p. 58.)
Compléments de géométrie plane et première partie de la géométrie dans l'espace. (Voy. le programme XXXVI, p. 59.)
Application de la géométrie au levé des plans et à l'arpentage. (Voy. le programme XXXVII, p. 61.)
Trigonométrie rectiligne. (Voy. le programme XXXVIII, p. 61.)
Éléments de géométrie descriptive (ligne droite et plan). (Voy. le programme XXXIX, p. 62.)
Physique et notions préliminaires de mécanique. (Voy. le programme XL, p. 63.)
Chimie. (Voy. le programme XLI, p. 65.)
Enseignement du dessin linéaire. (Voy. le programme XLII, p. 66.)

CLASSE DE RHÉTORIQUE.

L'enseignement scientifique de cette classe comprend :
La géométrie dans l'espace. (Voy. le programme XLIII, p. 66.)
Notions sur quelques courbes usuelles. (Voy. le programme XLIV, p. 68.)
Compléments de géométrie descriptive. (Voy. le programme XLV, p. 68.)
Notions sur le nivellement et ses usages. (Voy. le programme XLVI, p. 69.)
Cosmographie. (Voy. le programme XLVII, p. 69.)
Mécanique physique et expérimentale. (Voy. le programme, XLVIII, p. 71.)
Physique. (Voy. le programme XLX, p. 72.)
Chimie. (Voy. le programme L, p. 73.)
Histoire naturelle. (Voy. le programme LI, p. 74.)
Dessin linéaire. (Voy. le programme LII, p. 75.)

CLASSE DE PHILOSOPHIE.

Révision de l'enseignement littéraire [1].

Une leçon par semaine est consacrée :
1° A l'explication des auteurs latins, français, allemands, anglais, italiens ou espagnols ;
2° A des exercices de traduction.

---

1. Cette révision a lieu généralement aujourd'hui dans une simple conférence en dehors des heures ordinaires des classes.

Révision de l'enseignement scientifique.

Voy. le programme LIV, page 77.

Six leçons par semaine sont employées à la préparation des matières du baccalauréat ès sciences et à la révision méthodique des cours des trois années précédentes, resserrée ou développée selon que le comporte l'état des connaissances acquises par les élèves[1].

---

§ 5.

ENSEIGNEMENT COMPLÉMENTAIRE

DE LA SECTION DES SCIENCES.

CLASSE DE MATHÉMATIQUES SPÉCIALES.

L'enseignement des mathématiques spéciales dure une année, et a pour objet celles des matières exigées par le programme commun d'admission à l'École polytechnique et à l'École normale supérieure.

Les élèves reçoivent, par semaine, au moins cinq leçons de mathématiques spéciales. Ils suivent en commun avec les élèves de l'année de philosophie se destinant aux Écoles du gouvernement, les cours de lettres et de sciences physiques, chimiques et naturelles, qui leur sont utiles pour la préparation aux examens et aux concours.

Les élèves sont soumis à de fréquentes interrogations, en dehors des classes, et exercés à de nombreuses applications numériques et graphiques.

Ils continuent à être exercés au dessin géométrique et au dessin d'imitation.

Ils ne sont admis au cours de mathématiques spéciales, qu'après avoir justifié de leur aptitude, soit qu'ils aient parcouru le cours

1. Il est bien entendu que les élèves de la section des sciences qui, à l'issue de la classe de rhétorique et grâce au petit cours de philosophie qu'ils ont pu suivre le jeudi matin pendant le premier semestre, ont obtenu le diplôme de bachelier ès sciences, sont dispensés d'assister au cours de philosophie fait pour les deux sections réunies, aussi bien qu'à la leçon consacrée à la révision de l'enseignement littéraire. Ces trois classes devenues libres seront employées à la préparation spéciale qui fait déjà l'objet de six leçons par semaine.

L'usage s'est même établi pour les élèves de la section scientifique qui ne sont pas encore bacheliers ès sciences, de ne suivre d'autre cours de philosophie que celui qui se fait le jeudi matin pendant le premier semestre dans la classe de rhétorique (sciences).

entier de la section des sciences, soit qu'ils n'en aient suivi les leçons que pendant trois ans.

<table>
<tr><td>Géométrie. . . . .</td><td rowspan="18">Voir les programmes de la classe de mathématiques spéciales. (LV, p. 78.)</td></tr>
<tr><td>Algèbre . . . .</td></tr>
<tr><td>Trigonométrie . . . .</td></tr>
<tr><td>Application de la géométrie et de la tri-
gonométrie au levé des plans. . .</td></tr>
<tr><td>Géométrie analytique . . . . . .</td></tr>
<tr><td>Géométrie descriptive. . . . . .</td></tr>
<tr><td>Mécanique . . . .</td></tr>
<tr><td>Physique. . . . .</td></tr>
<tr><td>Chimie . . . .</td></tr>
<tr><td>Manipulations. . . . .</td></tr>
<tr><td>Langue française . . . .</td></tr>
<tr><td>Langue allemande. . . . . . .</td></tr>
<tr><td>Dessin géométrique . . . . . .</td></tr>
<tr><td>Lavis . . . .</td></tr>
<tr><td>Dessin d'imitation . . . .</td></tr>
</table>

ENSEIGNEMENT SECONDAIRE PROFESSIONNEL [1].

Le nouvel enseignement professionnel, qui a une durée de quatre années, et garde les enfants de douze à seize ans environ, comprend les matières suivantes : l'instruction religieuse, la langue et la littérature françaises, les langues vivantes, l'histoire et la géographie, des notions élémentaires de morale privée et publique, de législation à l'usage des agriculteurs, des commerçants et des industriels, et d'économie industrielle et rurale, la comptabilité, la tenue des livres, les mathématiques appliquées, la physique, la chimie et l'histoire naturelle avec leurs applications à l'agriculture et à l'industrie, le dessin linéaire, le dessin d'ornement et le dessin d'imitation, la gymnastique et le chant [2].

On n'est admis dans les cours de première année qu'après un examen constatant que l'on possède bien les connaissances données par l'enseignement primaire. Le certificat décerné aux élèves de la division élémentaire des lycées et colléges et qui les reconnaît aptes à passer dans la division de grammaire de l'enseignement secondaire classique peut suppléer à l'examen dont il est question ci-dessus.

A la fin de chaque année, un examen de passage sera subi par devant une commission composée du proviseur ou principal, président, du directeur des études, s'il en existe un dans l'établissement, et des professeurs chargés de l'enseignement dans la classe où les candidats doivent entrer. En cas d'insuffisance, les élèves ne seront pas admis à monter dans la classe supérieure.

A la fin de la quatrième année, examen devant un jury spécial pour l'obtention du diplôme ès arts. Cet examen aurait moins pour but de s'assurer que la mémoire a fidèlement gardé en dépôt les connaissances qui lui ont été confiées que de rechercher, comme dans l'examen de sortie des Real Schulen allemands, si l'intelligence s'est approprié les matières de l'enseignement par une élaboration personnelle (Selbstandige Verarbeitung des Stoffs).

---

1. Ce règlement scolaire, ainsi que les programmes qui l'accompagnent, est provisoire. Il ne deviendra définitif que quand le Corps législatif aura accordé le crédit spécial demandé et que le Conseil impérial aura approuvé les programmes dn nouvel enseignement.

2. Voir ci-après, p. 150, la circulaire adressée aux recteurs le 2 octobre 1863 sur l'enseignement professionnel.

Tableau de la répartition des leçons par semaine pendant les quatre années de l'enseignement professionnel.

1re *Année.*

Français. (Pr. LVI, p. 108.). . . . . 3 leçons.
Langues vivantes. (Pr. LVII, p. 109.).. . . . . . 4 [1]
Histoire et géographie. (Pr. LVIII et LIX, p. 110
   et 111.). 1
Arithmétique, tenue des livres. (Pr. LX, p. 111.) 4

EXERCICES A FAIRE DANS L'INTERVALLE DES CLASSES.

Dessin d'imitation . . . . 3 heures.
Dessin graphique 2
Écriture. 3
Gymnastique; musique. 1

Le jeudi est réservé pour l'enseignement religieux, l'achèvement des devoirs en retard, les études libres, pendant lesquelles les élèves font des lectures ou écrivent à leurs familles, et pour la promenade, qui sera obligatoire.

2e *Année.*

Français. (Pr. LXI, p. 113.). . . . . 2 leçons 1/2.
Langues vivantes. (Pr. LXII, p. 113.) . . . 4
Histoire et géographie. (Pr. LXIII et LXIV
   p. 113, 114 et 115.). 1
Mathématiques appliquées; premières no-
   tions de physique 3 1/2
Comptabilité. 1
   (Voir le programme LXV, p. 115 et 116.)

EXERCICES.

Dessin. . . . . 5 heures.
Écriture 2
Répétition de langues.. . . . . 1 1/2
Gymnastique, musique vocale. 1 1/2

Le jeudi comme pour la première année; mais la matinée, dans le second semestre, sera employée à des exercices d'arpentage et de levé des plans sur le terrain.

---

1. Les leçons sont de deux heures, excepté pour les classes de langues vivantes, qui, aux termes de la circulaire du 29 septembre 1863, ne doivent durer qu'une heure.

3e *Année.*

Français (pr. LXVI, p. 116). . . . . 2 leçons 1/2
Langues vivantes (pr. LXVII, p. 118). . . . 3
Histoire et géographie (p. LXVIII et LXIX,
    p. 118, 119 et 120).. 1
Sciences appliquées (mathématiques, phy-
    siques et naturelles) (pr. LXX, p. 120). . 5

EXERCICES.

Comptabilité. . . . . 1 heure.
Dessin. 5
Écriture 1
Langues vivantes.. 2
Gymnastique, musique vocale. 2

Le jeudi, manipulations de physique et de chimie.

4e *Année.*

Français (pr. LXXI, p. 121). . . . . 1 leçon 1/2 ;
Langues vivantes (pr. LXXII, p. 122). . . . 2
Histoire et géographie (pr. LXXIII et LXXIV,
    p. 123, 124, 125 et 126). 1
Notions de morale, de droit commercial et
    d'économie industrielle et rurale. (Voir les
    programmes LXXV et LXXVI, p. 126, 127,
    128, 129 et 130.). 1 1/2
Sciences mathématiques, physiques et na-
    turelles. (Voir le programme LXXVII,
    p. 131.) . . . .

EXERCICES.

Dessin. 4 heures.
Comptabilité. 1
Langues. 2
Gymnastique et musique.. 1
Révision littéraire et scientifique. 2

Le jeudi, à l'intérieur, manipulations ; au dehors, visite des établissements industriels, excursions botaniques et géologiques.

5e *Année* (facultative).

Préparation à l'École centrale des arts et manufactures et aux
écoles supérieures du commerce, selon les besoins locaux.

PROGRAMMES DÉTAILLÉS.

ENSEIGNEMENT SECONDAIRE CLASSIQUE.

DIVISION DE GRAMMAIRE

CLASSE DE SIXIÈME.

I

Histoire ancienne, première partie : Histoire de l'Orient [1].

1. Division générale de l'histoire ancienne (histoire de l'Orient, de la Grèce et de Rome).
2. Genèse : Histoire primitive du monde jusqu'à la dispersion des peuples après le déluge. — Fondation des premiers empires dans les vallées du Nil, du Tigre et de l'Euphrate.
3. *Le peuple de Dieu.* — Vocation d'Abraham. — Les Israélites en Égypte. — Moïse.
4. Établissement des Israélites dans la Terre Promise. — Les Juges. — Les rois : Saül, David, Salomon. — Schisme des dix tribus.
5. *Égypte.* — Le Nil et ses inondations. — Principaux rois.

1. Le professeur dictera et fera réciter le résumé de ses leçons qui auront spécialement pour objet l'histoire ancienne. Il donnera des développements oraux, en s'attachant uniquement à l'exposition des faits et des détails qui les caractérisent ; il s'assurera par des interrogations fréquentes que les élèves ont compris la leçon et qu'ils l'ont retenue. Les développements oraux du professeur seront reproduits dans des rédactions assez courtes pour être écrites avec correction. Les élèves seront invités à faire des lectures en rapport avec chaque leçon. L'histoire ancienne de Rollin leur sera spécialement indiquée.

6. Monuments et civilisation de l'Égypte.

7. *Assyriens*. — Ninive et Babylone. — Premier empire d'Assyrie. Ninus. — Sémiramis. — Sardanapale. — Démembrement de cet empire.

8. Deuxième empire d'Assyrie. — Ses rapports avec les peuples voisins. — Fin du royaume d'Israël.

9. Empire babylonien. — Nabuchodonosor. — Fin du royaume de Juda. — Captivité de Babylone.

10. *Mèdes et Perses*. — Rois de Médie. — Enfance et avénement de Cyrus.

11. Tableau sommaire des principaux États de l'Asie occidentale à l'avénement de Cyrus. — Conquêtes de Cyrus.

12. Cambyse. — Conquête de l'Égypte. — Avénement de Darius, fils d'Hystaspe.

13. Conquêtes de Darius — Étendue et divisions de l'empire des Perses sous Darius. — Origine des guerres médiques.

14. *Phéniciens*. — Tyr et Sidon. — Colonies phéniciennes. — Carthage.

II

Géographie physique du globe. — Géographie générale de l'Asie moderne[1].

1. Objet de la géographie. — Ce qu'on entend par géographie physique et par géographie politique. — Définition des principaux termes.

2. Division de la surface du globe en terre et en eaux. — Forme générale de l'ancien et du nouveau continent.

3. Division du monde en cinq parties, ce que les anciens en connaissaient.

4. Division de l'Océan en grandes mers. — Mers intérieures. — Isthmes et détroits principaux. — Grandes îles du globe.

5. Asie ....

6. Europe ..... Limites, mers et golfes; lacs et fleuves prin-

7. Afrique..... cipaux; chaînes de montagnes; volcans,

8. Amérique... grandes îles.

9. Océanie.....

10. Géographie politique de l'Asie moderne correspondant à l'Asie connue des Anciens, entre la Méditerranée et l'Indus.

11. Géographie politique des autres contrées de l'Asie.

1. Le professeur tracera sur le tableau noir les contours des régions, le cours des fleuves, les chaînes de montagnes qu'il se propose de décrire. Ces cartes seront reproduites, autant que possible, par les élèves sur le papier. La leçon faite sur la carte tracée au tableau, des interrogations répétées, tel est le système d'enseignement qui devra être suivi.

III

Dessin d'imitation et d'ornement[1].

Exercices préparatoires qui ont pour objet :
1º L'imitation *de figures simples*, telles que celles des solides réguliers et les éléments que l'ornementation emprunte le plus ordi-
nairement au règne végétal;
2º L'imitation des parties de la tête.

CLASSE DE CINQUIÈME.

IV

Histoire ancienne, seconde partie : Histoire de la Grèce[2].

1. Géographie physique de la Grèce. — Montagnes et presqu'îles,
cours d'eau; mers; golfes; îles.
2. Temps primitifs de la Grèce. — Guerre de Troie. — Invasion
des Doriens dans le Péloponèse.
3. Sparte. — Lycurgue; ses lois. — Guerres de Messénie.
4. Athènes. — L'archontat. — Solon; ses lois. — Pisistrate et ses
fils. — Clisthène.
5. Géographie politique de la Grèce à l'époque des guerres médiques. — Colonies grecques. — Institutions communes aux
peuples de la Grèce.
6. *Guerres médiques.* — Révolte de l'Ionie. — Première guerre. —
Bataille de Marathon. — Miltiade.
7. Seconde guerre. — Aristide et Thémistocle. — Léonidas aux
Thermopyles. — Bataille de Salamine, de Platée et de Mycale.
— Cimon. — Fin des guerres médiques.
8. Puissance d'Athènes après les guerres médiques. — Périclès.—
État des lettres et des arts.

---

1. Cet enseignement est donné à tous les élèves internes et aux élèves libres qui
sont admis à l'externat surveillé. En sixième, une leçon d'une heure par semaine
lui est consacrée. Les modèles sont tous empruntés aux grands maîtres de l'art. Ils
ne sont admis dans les classes de dessin qu'après avoir été approuvés par le ministre de l'instruction publique. A la fin de chaque année, les élèves sont tenus de
présenter un nombre déterminé de feuilles dont l'ensemble constituera un cours
gradué de dessin.

2. Voir l'observation placée en note à la suite du programme d'histoire de la
classe de Sixième, p. 21.

9. *Guerre du Péloponèse.* — Première période de la guerre. — Paix de Nicias.

10. Alcibiade. — Expédition de Sicile. — Lysandre. — Prise d'Athènes. — Les trente tyrans. — Mort de Socrate.

11. Puissance de Sparte après la guerre du Péloponèse. — Expédition du jeune Cyrus et retraite des Dix Mille. — Agésilas. — Traité d'Antalcidas.

12. Puissance de Thèbes. — Pélopidas et Épaminondas. — Batailles de Leuctres et de Mantinée,

13. Puissance de la Macédoine. — Philippe. — Son intervention dans les affaires de la Grèce. — Démosthène. — Bataille de Chéronée.

14. Alexandre le Grand. — Guerre en Grèce. — Guerre contre les Perses. — Batailles du Granique et d'Issus. — Fondation d'Alexandrie.

15. Bataille d'Arbelles. — Fin de l'empire des Perses. — Expédition d'Alexandre dans la Bactriane et dans l'Inde. — Etendue et divisions de l'empire macédonien à la mort d'Alexandre.

16. *Principaux royaumes formés du démembrement de l'empire d'Alexandre.* — L'Égypte sous les Lagides : Ptolémée Soter ; Ptolémée Philadelphe ; Ptolémée Évergète.

17. La Syrie sous les Séleucides : Séleucus Nicator ; Antiochus le Grand ; Antiochus Épiphane ; les Machabées. — Énumération des principaux États détachés de l'empire des Séleucides.

18. La Macédoine et la Grèce après Alexandre. — Ligue achéenne. — Aratus. — Philopœmen. — Réduction de la Macédoine et de la Grèce en provinces romaines.

V

Géographie générale de l'Europe et de l'Afrique modernes [1].

1-2.	France...................	
3.	Grande-Bretagne..........	
4.	Belgique, Pays-Bas , États scandinaves...........	Situation et limites ; grandes divisions territoriales ; capitales ; principales villes ; population ; possessions hors de l'Europe et colonies.
5-6.	Confédération germanique, Prusse et Autriche......	
7.	Suisse et États italiens....	
8.	Espagne et Portugal......	
9.	Grèce et Turquie.........	
10.	Russie................	

1. Voir l'observation placée en note à la suite du programme de géographie de la classe de Sixième, p. 22.

11. Géographie politique de l'Afrique septentrionale, correspondant à l'Afrique connue des Anciens. — Géographie politique des autres contrées de l'Afrique.

VI

Dessin d'imitation et d'ornement.

Le programme est le même que pour la classe de sixième.

CLASSE DE QUATRIÈME.

VII

Histoire ancienne, troisième partie : Histoire de Rome[1].

1. Géographie physique de l'Italie. — Montagnes; fleuves; mers; golfes; îles.
2. Fondation de Rome. — Les rois.
3. Établissement de la république. — Le sénat. — Les patriciens et les plébéiens. — Consuls. — Dictateurs. — Tribuns.
4. Les décemvirs. — La censure. — Union des deux ordres par l'admission des plébéiens à toutes les magistratures.
5. Guerres de Rome contre les peuples voisins. — Invasion des Gaulois. — Guerres contre les Samnites et contre Pyrrhus. — Rapports de Rome avec les peuples vaincus; colonies.
6. Carthage. — Première guerre punique. — Guerre des mercenaires. — Les Carthaginois en Espagne. — Les Romains dans la Gaule Cisalpine et en Illyrie.
7. Seconde guerre punique. — Annibal. — Passage des Alpes. — Batailles du Tessin, de la Trébie, de Trasimène et de Cannes.
8. Continuation de la guerre en Italie, en Sicile, en Espagne, en Afrique, — Scipion. — Bataille de Zama.
9. Guerre contre la Macédoine : bataille de Cynocéphales. — Guerre contre Antiochus : batailles des Thermopyles et de Magnésie. — Guerre contre les Galates.
10. Guerre contre Persée : bataille de Pydna. — Réduction de la Macédoine et de la Grèce en provinces romaines.
11. Troisième guerre punique. — Destruction de Carthage. — Réduction du royaume de Pergame en province romaine.
12. Guerres et conquêtes des Romains dans la Cisalpine et dans

---

1. Voir l'observation placée en note à la suite du programme d'histoire de la classe de sixième, p. 21.

l'Espagne. — Viriathe. — Guerre de Numance. — Formation d'une province romaine dans la Gaule Transalpine.

13. État de la république romaine après ces conquêtes. — Les Gracques.

14. Jugurtha. — Guerre des Cimbres. — Marius. — Guerre sociale. — Guerre civile; dictature de Sylla.

15. Sertorius. — Spartacus. — Les pirates. — Mithridate. — Pompée. — Cicéron et Catilina.

16. Premier triumvirat : Pompée, César et Crassus. — Consulat de César. — Conquête de la Gaule. — Guerre contre les Parthes.

17. Troubles à Rome. — Guerre civile : Pharsale, Thapsus, Munda. — Dictature du César.

18. Deuxième triumvirat : Octave, Antoine et Lépide. — Guerre civile; batailles de Philippes et d'Actium. — Fin de la république.

19. Organisation du gouvernement impérial. — Bornes et divisions de l'empire. — Siècle d'Auguste. — Naissance et progrès du christianisme.

20. Les empereurs de la famille d'Auguste. — Les Flaviens. — Ruine de Jérusalem. — Conquête de la Grande-Bretagne.

21. Les Antonins. — Conquêtes de Trajan.

22. Les empereurs syriens. — L'anarchie militaire. — Aurélien. — Probus.

23. Dioclétien. — Constantin : triomphe du christianisme; fondation de Constantinople; réorganisation de l'empire.

24. Constance. — Julien. — Valentinien et Valens : commencement de la grande invasion. — Théodose. — Partage définitif de l'empire.

VIII

Géographie générale de l'Amérique et de l'Océanie [1].

1-2. Révision de la géographie moderne de l'Asie, de l'Europe et de l'Afrique.

3. Amérique : États-Unis

4. Mexique, Amérique centrale et Haïti.

5. Nouvelle-Grenade, Vénézuela, Équateur, Bolivie, Pérou, Chili

6. États du Rio de la Plata, Uruguay et Paraguay

7. Brésil

8. Amérique anglaise

9. Possessions de la France, de l'Espagne, de la Russie et de la Hollande. — Principaux peuples indigènes.

Situation et limites; principales villes.

<hr>

[1]. Voir l'observation placée en note à la suite du programme de géographie de la classe de sixième, p. 22.

10. Océanie : possessions des États européens ; principaux peuples
indigènes.

<h1 style="text-align:center">IX</h1>

<h3 style="text-align:center">Dessin d'imitation et d'ornement.</h3>

Deux leçons hebdomadaires ont pour objet :

1º L'étude théorique et pratique des éléments de la perspective
2º L'étude élémentaire de la structure de l'homme et des proportions du corps humain au point de vue du dessin ;
3º Le dessin des parties de la tête et de la tête entière d'après des
estampes et des photographies. (Voir d'ailleurs la note sur l'enseignement du dessin dans la classe de sixième, p. 23.)

<h1 style="text-align:center">X</h1>

<h3 style="text-align:center">Éléments d'arithmétique et notions préliminaires
de géométrie.</h3>

1º Les éléments d'arithmétique comprennent : les quatre opérations sur les nombres entiers, sur les nombres décimaux ; le calcul des fractions ordinaires ; l'exposition du système des mesures
légales ; la résolution des problèmes les plus simples par la
méthode dite de réduction à l'unité. — Total, 24 leçons.
2º Les notions préliminaires de géométrie comprennent : la génération des angles par la rotation d'une droite autour d'un de ses
points ; les cas les plus simples d'égalité des triangles : les propriétés principales des perpendiculaires, des obliques et des droites parallèles ; l'exposition sommaire des propriétés des cordes
dans le cercle et de la mesure des angles : l'usage de la règle, du
compas, de l'équerre et du rapporteur dans les constructions sur
le papier. — Total, 9 leçons.
Total général, 38 leçons pour l'année.

DIVISION SUPÉRIEURE[1].

CLASSE DE TROISIÈME.

XI

**Histoire de France et histoire du moyen âge
du Ve au XIVe siècle[2].**

1. Division générale de l'histoire universelle. — Tableau sommaire des principaux faits de l'histoire de l'Orient (révision du cours de sixième).
2. Tableau sommaire des principaux faits de l'histoire grecque (révision du cours de cinquième).
3. Tableau sommaire des principaux faits de l'histoire romaine, et particulièrement de l'histoire de la Gaule (révision du cours de quatrième).
4. Invasions des barbares, et principaux États fondés par eux dans l'empire romain au ve siècle.
5. Clovis. — Fondation de l'empire des Francs.
6. Théodoric et les Ostrogoths en Italie. — Justinien : tentative de restauration de l'empire romain. — Les Lombards.
7. Les fils de Clovis. — Partages et guerres civiles. — Dagobert.
8. Les rois fainéants ; les maires du palais. — Opposition de la Neustrie et de l'Austrasie. — Bataille de Testry. — Pépin d'Héristal ; Charles-Martel ; Pépin le Bref.
9. Charlemagne. — Ses guerres. — Son gouvernement. — Relations avec l'Orient. — État des lettres sous ce règne. — Étendue et divisions de l'empire de Charlemagne.
10. Mahomet. — Conquêtes des Arabes. — Partage du khalifat. — État de la civilisation arabe au ixe siècle.
11. Louis le Débonnaire. — Guerres civiles. — Bataille de Fontanet. — Traité de Verdun.
12. Charles le Chauve. — Nouvelles invasions barbares ; les Nor-

1. Les programmes nouveaux de la division supérieure, et notamment les programmes scientifiques, sont provisoires ; ils ne deviendront définitifs qu'après avoir reçu la sanction du conseil impérial de l'instruction publique.
2. Le professeur dictera le résumé de ses leçons. Il donnera des développements oraux non-seulement sur les faits, mais encore sur les mœurs et le caractère des divers peuples. Ces développements serviront de texte à des rédactions assez courtes pour être écrites avec correction. Comme exercices complémentaires, le professeur habituera ses élèves à écrire quelques récits ou descriptions ; mais il en choisira les sujets avec une attention scrupuleuse, de manière à ne laisser jamais dégénérer cet exercice en compositions de fantaisie. Il interrogera les élèves sur la matière de chaque leçon, et leur conseillera des lectures empruntées aux ouvrages autorisés, sur l'avis du conseil impérial.

XII

Description particulière de l'Europe [1].

1. Géographie physique de l'Europe ; situation, limites ; mers et golfes ; isthmes et détroits ; îles et presqu'îles principales.
2. Grandes chaînes de montagnes ; leur hauteur moyenne ; volcans ; ligne de partage des eaux ; versants.
3. Division de l'Europe en grands bassins ; principaux fleuves et cours d'eau, leur importance commerciale ; lacs.
4. Population de l'Europe ; races, langues, religions ; grandes voies de communication internationale par canaux ou chemins de fer.
5. Divisions politiques (la France exceptée) : *Grande-Bretagne*, principales divisions administratives ; grandes villes d'industrie et de commerce ; population, langue, religion, gouvernement. — Importance militaire et commerciale des possessions de la Grande-Bretagne en Europe et hors de l'Europe.
6. *Belgique, Pays-Bas, États scandinaves* : principales divisions administratives ; villes importantes d'industrie et de commerce ; population, langue, religion, gouvernement. — Possessions hors de l'Europe.
7. *Confédération germanique* : grandes divisions ; capitales, principales villes d'industrie et de commerce ; population, langue, religion, gouvernement.
8. *Prusse* : sa situation géographique ; division en provinces ; principales villes d'industrie et de commerce ; population, langue, religion, gouvernement. — Provinces qui font partie de la Confédération germanique.
9. *Autriche* : sa situation géographique ; divers États et peuples qui la composent ; grandes divisions administratives ; principales villes ; langues, religion, gouvernement. — Provinces qui font partie de la Confédération germanique.
10. *Confédération helvétique* et *États italiens* : divisions principales ; villes importantes ; population, langues, religion, gouvernement.
11. *Espagne* et *Portugal* : divisions principales ; principales villes ; population, langues, religion, gouvernement. — Possessions hors de l'Europe.
12. *Turquie* et *Grèce* : divisions principales ; principales villes ; langue, religion, gouvernement. — Peuples différents compris dans l'Empire ottoman ; possessions hors de l'Europe.
13. *Russie* et *Pologne* : grandes divisions et principales villes ; langue, religion, gouvernement. — Peuples différents compris dans l'Empire russe ; possessions hors de l'Europe.

1. Voir, pour la méthode à suivre, la note qui suit le programme de géographie de la classe de sixième, p. 22.

XIII

Arithmétique et notions préliminaires d'algèbre[1].

1° *Arithmétique.*

1—5 [2]. Numération décimale.
Addition et soustraction des nombres entiers.
Multiplication des nombres entiers. — Le produit de plusieurs
nombres entiers ne change pas quand on intervertit l'ordre
des facteurs.
Division des nombres entiers.
Restes de la division d'un nombre entier par 2, 3, 5, 9 et 11. —
Caractères de divisibilité par chacun de ces nombres.
6—8. Définition des nombres premiers et des nombres premiers
entre eux. — Trouver le plus grand commun diviseur de *deux*
nombres.
Décomposition d'un nombre en facteurs premiers. — On en déduit le plus petit multiple commun à des nombres donnés.
9—11. Fractions ordinaires. — Une fraction ne change pas de
valeur quand on multiplie ou quand on divise ses deux termes
par un même nombre. — Réduction d'une fraction à sa plus
simple expression. — Réduction de plusieurs fractions au
même dénominateur. — Plus petit dénominateur commun.
Opérations sur les fractions ordinaires.
12—14. Nombres décimaux. — Opérations.
Réduire une fraction ordinaire en fraction décimale. — Quand
le dénominateur d'une fraction irréductible contient d'autres
facteurs premiers que 2 et 5, la fraction ne peut être convertie
exactement en décimales, et le quotient qui se prolonge indéfiniment est périodique.
15—17. Système des mesures légales. — Mesure de longueur. —
Mètre; ses divisions, ses multiples. — Rapport de l'ancienne
toise de six pieds au mètre. — Convertir en mètres un nombre
donné de toises.
Mesures de superficie, de volume et de capacité.
Mesures de poids. — Monnaies. — Titre et poids des monnaies
de France. — Tables de conversion des anciennes mesures en
mesures légales.
18 et 19. Formation du carré et du cube de la somme de deux
nombres. — Extraction de la racine carrée d'un nombre
entier. — Indication sommaire de la marche à suivre pour
l'extraction de la racine cubique.

---

1. Voir, pour les explications relatives à la partie scientifique des programmes
de la division supérieure, la circulaire du 22 septembre 1863 ci-après, p. 135.
2. Les numéros indiquent le nombre approximatif des leçons.

Carré d'une fraction. — Racine carrée d'un nombre entier ou décimal à une unité près d'un ordre décimal donné.

20—23. Rapport des grandeurs concrètes. — Ce qu'on nomme proportion. — Égalité du produit des extrêmes au produit des moyens. — Dans une suite de rapports égaux, le rapport de la somme des numérateurs à la somme des dénominateurs est égal aux rapports proposés.

Notions générales sur les grandeurs qui varient dans le même rapport ou dans un rapport inverse. — Solution des questions les plus simples dans lesquelles on considère de telles quantités. — Mettre en évidence les rapports de quantités de même nature qui entrent dans le résultat final, et en conclure la règle générale à suivre pour écrire immédiatement la solution demandée.

Intérêts simples. — Formule générale qui fournit la solution de toutes les questions relatives aux intérêts simples. — De l'escompte.

Partager une somme en parties proportionnelles à des nombres donnés. — Exercices.

2° *Notions préliminaires d'algèbre.*

24—27. Usage des lettres et des signes comme moyen d'abréviation et de généralisation. — Exemples de formules empruntées au cours d'arithmétique. — Addition et soustraction des quantités littérales. — Réduction des termes semblables.

Multiplication. — Règle des signes.

Division des monômes. — Exposé très-sommaire de la division des polynômes.

28—33. Équations du premier degré. — Résolution des équations numériques du premier degré à une ou plusieurs inconnues.

Interprétation des valeurs négatives dans les problèmes. — Usage et calcul des quantités négatives.

Des cas d'impossibilité et d'indétermination qui se présentent dans certains problèmes du premier degré.

XIV

Éléments de géométrie plane.

1—6. Ligne droite et plan. — Ligne brisée. — Ligne courbe.

Lorsque deux droites partent d'un même point, suivant des directions différentes, elles forment une figure qu'on appelle *angle*. — Génération des angles par la rotation d'une droite autour d'un de ses points.

Angles droit, aigu, obtus. — Par un point pris sur une droite, on ne peut élever qu'une seule perpendiculaire à cette droite.

1. On donnera peu de développement à ces propriétés des nombres, dont l'étude sera complétée, pour les élèves de la section des sciences, dans le cours de seconde.

2. On ne traitera des quantités négatives qu'à l'occasion des problèmes du premier degré.

Angles adjacents. — Angles opposés par le sommet.

Triangles. — Cas d'égalité les plus simples.

Propriétés du triangle isocèle.

Propriétés de la perpendiculaire et des obliques menées d'un même point à une droite. — Cas d'égalité des triangles rectangles.

7—10. Droites parallèles. — Lorsque deux parallèles sont rencontrées par une sécante, les quatre angles aigus qui en résultent sont égaux entre eux, ainsi que les quatre angles obtus. — Dénominations attribuées à ces divers angles. — Réciproques [1].

Angles dont les côtés sont parallèles ou perpendiculaires.

Somme des angles d'un triangle, d'un polygone quelconque.

Parallélogrammes. — Propriétés de leurs côtés, de leurs angles et de leurs diagonales.

11—15. De la circonférence du cercle. — Dépendance mutuelle des arcs et des cordes.

Le rayon perpendiculaire à une corde divise cette corde et l'arc sous-tendu, chacun en deux parties égales.

Dépendance mutuelle des longueurs des cordes et de leurs distances au centre. — Condition pour qu'une droite soit tangente à une circonférence. — Arcs interceptés par des cordes parallèles.

Intersection et contact de deux cercles.

Mesure des angles. — Si des sommets de deux angles on décrit deux arcs de cercle d'un même rayon, le rapport des angles sera égal à celui des arcs compris entre leurs côtés [2].

Angles inscrits. — Évaluation des angles en degrés, minutes et secondes.

16—19. Problèmes. — Usage de la règle et du compas dans les constructions sur le papier. — Commune mesure de deux droites.

Problèmes élémentaires sur la construction des angles et des triangles.

---

1. On admettra qu'on ne peut mener, par un point donné, qu'une seule parallèle à une droite.

2. La proposition étant démontrée pour le cas où il y a entre les arcs une commune mesure, quelque petite qu'elle soit, sera, par cela même, considérée comme générale.

Tracé des perpendiculaires et des parallèles. — Abréviation des constructions au moyen de l'équerre et du rapporteur. — Division d'une droite et d'un arc en deux parties égales. — Décrire une circonférence qui passe par trois points donnés. — D'un point donné hors d'un cercle mener une tangente à ce cercle. — Décrire, sur une ligne donnée, un segment de cercle capable d'un angle donné.

20—24. Lignes proportionnelles[1]. — Toute parallèle à l'un des côtés d'un triangle divise les deux autres côtés en parties proportionnelles. — Réciproque. — Propriété de la bissectrice de l'angle d'un triangle.

Polygones semblables. — En coupant un triangle par une parallèle à l'un de ses côtés, on détermine un triangle partiel semblable au premier. — Conditions de similitude des triangles.

Décomposition des polygones semblables en triangles semblables. — Rapport des périmètres.

Relations entre la perpendiculaire abaissée du sommet de l'angle droit d'un triangle rectangle sur l'hypoténuse, les segments de l'hypoténuse, l'hypoténuse elle-même et les côtés de l'angle droit.

Relations entre le carré du nombre qui exprime la longueur du côté d'un triangle opposé à un angle droit, aigu ou obtus, et les carrés des nombres qui expriment les longueurs des deux autres côtés.

Si d'un point pris dans le plan d'un cercle on mène des sécantes, le produit des distances de ce point aux deux points d'intersection de chaque sécante avec la circonférence est constant, quelle que soit la direction de la sécante. — Cas où elle devient tangente.

25 et 26. Diviser une droite donnée en parties égales ou en parties proportionnelles à des lignes données. — Mener une tangente commune à deux cercles. — Trouver une quatrième proportionnelle à trois lignes ; une moyenne proportionnelle entre deux lignes.

Construire, sur une droite donnée, un polygone semblable à un polygone donné.

27—29. Polygones réguliers. — Tout polygone régulier peut être inscrit et circonscrit au cercle.

Le rapport des périmètres de deux polygones réguliers, d'un même nombre de côtés, est le même que celui des rayons des cercles circonscrits[2].

---

1. En conservant les énoncés habituels, on devra remplacer dans les démonstrations l'algorithme des proportions par l'égalité des rapports.

2. La longueur de la circonférence du cercle sera considérée, sans démonstration, comme la limite vers laquelle tend le périmètre d'un polygone inscrit dans cette courbe, à mesure que ses côtés diminuent indéfiniment.

Le rapport d'une circonférence à son diamètre est un nombre constant.

Inscrire dans un cercle de rayon donné un carré, un hexagone régulier.

Manière d'évaluer le rapport approché de la circonférence au diamètre, en calculant les périmètres des polygones réguliers de 4, 8, 16, 32.... côtés, inscrits dans un cercle de rayon donné.

30—34. De l'aire des figures planes. — Mesure de l'aire du rectangle, du parallélogramme, du triangle, du trapèze, d'un polygone quelconque. — Théorème du carré construit sur l'hypoténuse.

Rapport des aires de deux polygones semblables.

Aire d'un polygone régulier. — Aire du cercle et du secteur de cercle. — Rapport des aires de deux cercles de rayons différents.

XV

Dessin linéaire.

Pendant le second semestre, deux séances d'une heure par semaine seront consacrées au dessin linéaire. Les exercices porteront sur l'*ornement*, le *lavis* et la *géométrie élémentaire*.

XVI

Dessin d'imitation et d'ornement.

Trois leçons par quinzaine sont consacrées dans la classe de troisième au dessin de la tête et des extrémités, d'après des estampes ou photographies et d'après la bosse.

Une quatrième leçon par quinzaine a pour objet le dessin des formes artificielles, parties d'édifices, meubles, vases, candélabres, etc., ornements.

ENSEIGNEMENT COMMUN

A LA SECTION DES LETTRES ET A LA SECTION DES SCIENCES.

CLASSE DE SECONDE.

XVII

Histoire de France, histoire du moyen âge et histoire moderne du XIVe siècle au milieu du XVIIe siècle[1].

1. Les Valois. — Commencement de la guerre de Cent ans.— Philippe de Valois et Édouard III. — Affaires de Flandre et de Bretagne. — Bataille de Crécy. — Siége de Calais.
2. Jean et le prince Noir. — Bataille de Poitiers. — États généraux. — La Jacquerie. — Paix de Bretigny.
3. Charles V et Duguesclin. — Les grandes compagnies en France et en Espagne. — Reprise des hostilités avec les Anglais. — Ordonnances de Charles V. — Grand schisme d'Occident.
4. Charles VI et Richard II. — Troubles en France et en Angleterre. — Avénement des Lancastre. — Assassinat du duc d'Orléans.
5. Les Armagnacs et les Bourguignons. — Henri V. — Bataille d'Azincourt. — Traité de Troyes.
6. Henri VI et Charles VII. — Jeanne d'Arc. — Traité d'Arras. — La Praguerie.
7. Fin de la guerre de Cent ans. — Institutions de Charles VII.
8. Allemagne : maison de Luxembourg. — La bulle d'or. — Guerre des Hussites. — Fin du grand schisme d'Occident. — Maison d'Autriche : Maximilien.
9. Les Turcs en Europe. — Bajazet Ier et Tamerlan. — Mahomet II. — Prise de Constantinople.
10. Géographie politique de l'Europe en 1453.
11. Louis XI et Charles le Téméraire. — Agrandissement du domaine royal. — Gouvernement de Louis XI.
12. Guerre des deux Roses en Angleterre. — Avénement des Tudors.
13. Formation du royaume d'Espagne. — Ferdinand et Isabelle. — Prise de Grenade.
14. Découvertes maritimes des Portugais et des Espagnols. —

1. Voir la note 2 qui suit le programme d'histoire de la classe de troisième, p. 28.

Christophe Colomb. — Empire portugais aux Indes. — Empire espagnol au Nouveau Monde.

15. Charles VIII et Anne de Beaujeu. — État de l'Italie vers la fin du xve siècle. — Expédition d'Italie. — Bataille de Fornoue.

16. Louis XII. — Conquête du Milanais. — Expédition de Naples. — Jules II. — La ligue de Cambrai. — La sainte ligue.— Bataille de Ravenne.

17. François Ier. — Bataille de Marignan. — Charles-Quint. — Rivalité de la France et de la maison d'Autriche. — Bataille de Pavie. — Traités de Madrid et de Cambrai.

18. Suite de la rivalité des maisons de France et d'Autriche.— Soliman le Grand. —Henri VIII.—Traités de Crépy et d'Ardres.

19. Henri II. — Conquête des Trois-Évêchés. — Abdication de Charles-Quint. — Philippe II. — Bataille de Saint-Quentin. — Prise de Calais. — Paix de Cateau-Cambrésis.

20. Découverte et influence de l'imprimerie. — La renaissance en Italie, en France.

21. La réforme en Suisse et en Allemagne. — Zwingle et Luther. — Les protestants. — Bataille de Muhlberg. — Paix d'Augsbourg.

22. La réforme en Angleterre. — Henri VIII; Édouard VI; Marie Tudor ; Élisabeth et Marie Stuart.

23. La réforme dans les Pays-Bas. — Affranchissement des Provinces-Unies. — Philippe II et l'Espagne. — Conquête du Portugal.

24. La réforme en France. — Calvin. — Guerres de religion. — François II et Charles IX.

25. Henri III et la ligue.

26. Henri IV.— Fin des guerres de religion. — Sully. — Administration de Henri IV. — Ses projets.

27. Louis XIII. — Le maréchal d'Ancre et le duc de Luynes. — Richelieu. — Abaissement des protestants et de la noblesse.

28. L'Allemagne et les pays du Nord à l'époque de la guerre de Trente ans. — Guerre de Trente ans. — Paix de Westphalie.

29. Les Stuarts en Angleterre. — Jacques Ier et Charles Ier. — Révolution de 1648. — Olivier Cromwell.

30. Géographie politique de l'Europe en 1648.

XVIII

Description particulière de l'Asie, de l'Afrique, de l'Amérique et de l'Océanie.

1. Chine, Japon et États de l'Indo-Chine.

2. Perse, Caboul ou Afghanistan, Hérat, Turkestan. . . . .

3. Turquie d'Asie, Arabie . . . .

Géographie physique, grandes divisions, principales villes.

4. Asie russe : géographie physique ; divisions principales et villes importantes.

5. Asie anglaise : géographie physique ; divisions principales ; villes importantes. — Possessions de la France et du Portugal dans les Indes.

6 et 7. Géographie physique et politique de l'Afrique : l'Atlas et le Sahara ; le Nil, le Sénégal et le Niger ; possessions européennes ; principaux États et peuples indigènes,

8. Géographie physique et politique de l'Amérique du Nord et des îles du golfe du Mexique et de la mer des Antilles : montagnes, fleuves et lacs ; isthmes ; États et confédérations ; grandes villes ; population ; gouvernement. — Possessions européennes.

9. Géographie physique et politique de l'Amérique du Sud : montagnes, fleuves et lacs ; États et confédérations ; principales villes ; population ; gouvernement. — Possessions européennes.

10. Géographie physique et politique de l'Océanie : principales races indigènes. — Possessions européennes.

11. Description sommaire des mers : le Grand océan et l'océan Atlantique ; la mer des Indes ; principaux golfes ; mers intérieures ; lignes de navigation les plus suivies. — Principaux voyages de découvertes et de circumnavigation : terres australes ; passage du Nord-Ouest.

XIX

Dessin d'imitation et d'ornement,

Le programme est le même que pour la classe de troisième (Voy. ce programme p. 35).

CLASSE DE RHÉTORIQUE.

XX

Histoire de France et histoire moderne depuis l'avénement de Louis XIV jusqu'à 1815.

1. Minorité de Louis XIV. — Anne d'Autriche et Mazarin. — La Fronde. — Guerre contre l'Espagne. — Traité des Pyrénées.

2. Gouvernement personnel de Louis XIV. — Colbert et Louvois. — Conquête de la Flandre. — Traité d'Aix-la-Chapelle.

3. Guerre de Hollande. — Conquête de la Franche-Comté. — Paix

de Nimègue. — Chambres de réunion. — Révocation de l'édit de Nantes.

4. Révolution de 1668 en Angleterre. — Guillaume III. — Coalition contre Louis XIV. — Paix de Ryswick.

5. Guerre de la succession d'Espagne. — Traités d'Utrecht et de Rastadt.

6. Caractère général du gouvernement et de l'administration de Louis XIV. — Institutions et fondations de ce règne.

7. Tableau des lettres, des sciences et des arts en France pendant le règne de Louis XIV.

8. Géographie politique de l'Europe en 1715.

9. Louis XV. — Régence du duc d'Orléans. — Ministère du cardinal Fleury. — Guerre de la succession de Pologne. — Traités de Vienne.

10. Guerre de la succession d'Autriche. — Progrès du royaume de Prusse. — Frédéric II. — Bataille de Fontenoy.

11. Guerre de Sept ans. — Traité de Paris. — Perte des colonies françaises.

12. Fin du règne de Louis XV. — Acquisition de la Lorraine et de la Corse. — Destruction des parlements. — État des esprits à cette époque. — Progrès des sciences.

13. Lutte de la Suède et de la Russie. — Charles XII et Pierre le Grand.

14. Catherine II. — Partages de la Pologne. — Guerres de la Russie contre la Suède et la Turquie.

15. Puissance maritime et coloniale de l'Angleterre. — Conquêtes des Anglais aux Indes orientales.

16. Progrès et soulèvement des colonies d'Amérique. — Guerre de l'indépendance des États-Unis. — Traité de Versailles.

17. Louis XVI. — Turgot et Malesherbes. — Necker. — Assemblées des notables. — Convocation des états généraux.

18. Géographie et situation politique de l'Europe en 1789.

19. Assemblée constituante et Assemblée législative. — Réunion des trois ordres. — Prise de la Bastille. — Journées des 5 et 6 octobre. — Constitution de 1791. — Déclaration de guerre à l'Autriche. — Journée du 10 août. — Massacres de septembre.

20. Convention nationale. — Procès et mort de Louis XVI. — La Terreur. — Journée du 9 thermidor. — Campagnes de 1793 et 1794. — Le 13 vendémiaire.

21. Directoire. — Campagnes de Bonaparte en Italie. — Traité de Campo-Formio.

22. Expédition d'Égypte. — Retour de Bonaparte. — Le 18 brumaire. — Constitution de l'an VIII.

23. Consulat. — Marengo. — Paix de Lunéville et d'Amiens. — Concordat. — Code civil. — Consulat à vie.

24. Empire. — Campagne d'Austerlitz. — Trafalgar. — Paix de

Presbourg. — Campagne de Prusse : Iéna, Friedland. — Paix
de Tilsitt. — Blocus continental.—Commencement de la guerre
d'Espagne. — Wagram.

25. Géographie politique de l'Europe en 1810.

26. Campagne de Russie. — Campagne d'Allemagne. — Campagne de France. — Abdication de l'Empereur. — Retour
de l'île d'Elbe. — Les Cent jours. — Waterloo. — Sainte-
Hélène.

27. Traité de 1815. — Géographie politique de l'Europe à cette
époque.

XXI

Géographie physique et politique de la France.

1, 2, 3. Limites; latitudes et longitudes extrêmes; tracé du con-
tour de la France. — Ligne de partage des eaux.

Chaînes de montagnes, situation et direction générale. — Ramifications principales. — Division de la France en versants et
en bassins.

Côtes maritimes: 1º *de Dunkerque à Bayonne;* 2º *de Port-Vendres à Antibes :*

Tracé du littoral. — Iles, caps et golfes principaux. — Embouchures des grands fleuves. — Départements et villes principales du littoral.

Limites de terre: 1º *de Dunkerque à Wissembourg;* 2º *de Wissembourg à Bâle et à Antibes;* 3º *de Port-Vendres à Bayonne :*

Tracé de la limite; départements qu'elle confine. — Pays li-
mitrophes.

Description sommaire des Alpes et des Pyrénées :

Situation, direction; grandes divisions; montagnes, cols et
ramifications les plus remarquables; rivières principales qui
descendent de ces chaînes.

4, 5, 6, *Bassins de la Seine, de la Loire, de la Garonne et du
Rhône; bassins de l'Escaut, de la Meuse et du Rhin* (partie française) .

Ceinture du bassin et cours du fleuve; tracé; principaux affluents. — Départements et villes principales qu'arrosent le
fleuve et ses affluents principaux. — Point où commence la navigation.

7. *Canaux et chemins de fer :*

Principaux canaux; mers et rivières qu'ils mettent en communication. — Principaux chemins de fer; grandes villes qu'ils unissent; leur liaison avec les principaux chemins de fer étrangers.

8, 9, 10. *Ancienne division de la France en provinces :*

Situation des provinces; date et historique sommaire de leur réunion à la couronne de France; capitales.

Division de la France en départements :

Origine et but de cette nouvelle division; situation respective des départements ; chefs-lieux.

Concordance des deux divisions :

Départements formés des anciennes provinces de :

1° Bretagne, Normandie, Ile-de-France;
2° Champagne, Picardie, Artois, Flandre, Lorraine;
3° Poitou, Maine, Touraine, Anjou, Orléanais, Berri, Nivernais, Bourbonnais ;
4° Limousin, Auvergne, Marche, Saintonge, Aunis, Angoumois;
5° Guyenne, Gascogne, Béarn ;
6° Comté de Foix, Roussillon, Languedoc;
7° Provence, Dauphiné, Comtat Venaissin, Lyonnais, Corse, Savoie, Comté de Nice;
8° Alsace, Franche-Comté, Bourgogne.

11. *Statistique de la France :*

Superficie. — Population. — Gouvernement. — Divisions administrative, militaire, ecclésiastique, judiciaire. — Instruction publique. — Préfectures maritimes. — Agriculture, industrie et commerce. — Revenu, dette. — Armée, marine.

12. *Colonies :*

Algérie. — Situation, limites. — Chaînes de montagnes et rivières principales. — Provinces et villes principales. — Races principales. — Religions.
Colonies françaises dans les différentes parties du monde. — Situation. — Villes principales. — Productions, commerce.

XXII

Notions élémentaires de rhétorique et de littérature.

Dans la suite des leçons le professeur de rhétorique exposera des notions élémentaires de littérature, qu'il résumera à la fin du cours par les questions suivantes :

1. En quoi la poésie diffère de la versification, et quelles sont les principales formes de vers en latin et en français.
2. Des principaux genres de poésie et de leurs divers caractères.
3. Des genres de prose et de leurs caractères différents.
4. De l'art oratoire ou rhétorique. — Des diverses parties de la rhétorique.
5. Des diverses parties du discours.
6. Quelles sont, parmi les règles de l'art oratoire, celles qui s'appliquent à toute composition.
7. Quelles sont les qualités générales du style, et, parmi ces qualités, celles qui caractérisent plus particulièrement les chefs-d'œuvre de la prose française?
8. Des principales figures de pensées et de mots.

XXIII

Dessin d'imitation et d'ornement.

Trois leçons par quinzaine sont consacrées au dessin des torses et académies, d'après des estampes ou photographies, et d'après la bosse.

La quatrième leçon de la quinzaine a pour objet le dessin des formes artificielles, parties d'édifices, meubles, candélabres et ornements.

CLASSE DE PHILOSOPHIE.

XXIV

Philosophie.

Objet de la philosophie, — ses rapports avec les autres sciences, — sa division.

Psychologie.

Des faits psychologiques et de la conscience.
Des facultés de l'âme : sensibilité, facultés intellectuelles, activité.
Sensibilité : des sens, des sensations, des sentiments.
Facultés intellectuelles : perception, conscience, mémoire, imagination, jugement, raison.
Des idées en général : de leur origine, de leurs caractères. — Notions et vérités premières.

De l'activité et de ses divers caractères. — Activité volontaire et libre. — Démonstration de la liberté.

De la personnalité, de la spiritualité de l'âme. — Distinction de l'âme et du corps, et leurs rapports.

Logique.

De la vérité et de l'erreur. — De l'évidence, de la certitude de la probabilité.

Des signes et du langage dans leurs rapports avec la pensée.

De la méthode; analyse et synthèse.

Analogie, induction et déduction. — Raisonnement. — Syllogisme.

De la définition, de la division et des classifications.

Méthode dans les différents ordres de la science.

Autorité du témoignage des hommes.

Des erreurs et des sophismes.

Morale.

Divers motifs de nos actions.

Conscience morale. — Distinction du bien et du mal, du devoir et de la vertu.

Mérite et démérite. — Peines et récompenses. — Sanction de la morale.

Division des devoirs. — Devoirs de l'homme envers lui-même, envers ses semblables, la famille et l'État.

Théodicée.

Existence de Dieu. — Preuves de l'existence de Dieu.

Principaux attributs de Dieu. — De la Providence. — Réfutation des objections tirées du mal physique et du mal moral.

Destinée de l'homme. — Preuves de l'immortalité de l'âme, morale religieuse ou devoirs envers Dieu.

Notions d'histoire de la philosophie.

XXV

Histoire contemporaine depuis 1789 jusqu'à nos jours.

1. Résumer rapidement les faits généraux qui ont modifié, à partir du quinzième siècle, les idées, les intérêts et la constitution de la société européenne :

1º Révolution politique, qui substitue d'abord la monarchie absolue aux dominations féodales;

2° Révolution religieuse, qui divise le monde catholique, et prépare l'avénement du principe nouveau de la tolérance ;

3° Révolution économique, qui crée le grand commerce et le capital mobilier ;

4° Révolution dans les arts, qui amène la Renaissance ; dans la philosophie, qui produit l'esprit d'examen ; dans les sciences, qui produit leur influence sociale.

2. État de l'Europe dans la seconde moitié du dix-huitième siècle.

Les forces nouvelles veulent se faire jour. — En France, opposition entre les idées et les institutions. — Demandes de réformes : les encyclopédistes et les économistes. — Malesherbes et Turgot.

3. La Révolution française.

Assemblée constituante ; demandes des cahiers : caractères des réformes politiques et sociales opérées par la Constituante. Exposition des principes de 1789.

Destruction de l'ancien régime ; abolition des priviléges ; égalité civile et politique ; création des actes de l'état civil.

Réformes politiques : le régime constitutionnel substitué au gouvernement du bon plaisir.

Réformes judiciaires : séparation des pouvoirs administratif et judiciaire (tribunal de cassation, jury, juge de paix).

Réformes financières : nouveau système d'impôts ; les biens nationaux et les assignats. Retour sur l'histoire du crédit et sur l'histoire des valeurs financières.

Destruction de l'ancienne réglementation industrielle ; liberté du travail et des transactions.

4. L'Assemblée législative, la Convention et le Directoire.

Impression produite en Europe par la Révolution française ; à l'intérieur, opposition de la cour, de la noblesse et du clergé ; l'émigration et les prêtres non assermentés.

Déclaration de Pilnitz, manifeste de Brunswick, soulèvements intérieurs.

La crainte et les revers produisent la Terreur : crimes de septembre, du 21 janvier et du 2 juin ; suppression de la liberté politique (comité de salut public, etc.) et de la liberté commerciale (lois sur le maximum et sur les accaparements ; loi de 1793 qui crée les prohibitions, en raison de la guerre avec l'Angleterre); le grand-livre de la dette publique et la banqueroute des deux tiers.

5. Le Consulat.

Constitution de l'an VIII ; consécration des conquêtes civiles de la Révolution.

Réorganisation administrative et efforts pour réconcilier les partis.

Organisation départementale.

Création de la Banque de France ; son rôle commercial et financier ; ses transformations successives.

Nouvelle hiérarchie judiciaire (création des tribunaux d'appel).

Le Code civil : ses principes.

Le Concordat. Résumé des tentatives antérieures pour régler les rapports de l'État et de l'Église : pragmatique de Bourges ; concordat de 1516 ; déclaration de 1682 ; concordats et articles organiques.

Réorganisation de l'instruction publique complétée par la création de l'Université sous l'Empire ; modifications ultérieures.

6. L'Empire.

La constitution impériale.

Politique intérieure de Napoléon Ier ; ordre public ; administration économe et active ; grands travaux d'utilité générale : Cherbourg, Anvers, canaux, routes du Simplon et du Mont-Cenis ; encouragements à l'industrie et aux inventeurs ; premières expositions.

Politique extérieure : système d'États feudataires ; blocus continental ; ses conséquences politiques et industrielles (droits des neutres).

État politique et moral de l'Europe en 1810.

La coalition injuste des gouvernements a été plusieurs fois brisée ; mais la prépondérance exagérée de la France fait naître au delà du Rhin et des Pyrénées un principe nouveau, celui de l'indépendance des peuples (Koerner, Arndt).

A l'intérieur de la France, le désir des réformes libérales est excité par la tension trop grande du gouvernement.

État des lettres, des sciences et des arts :

Chateaubriand et la réaction religieuse ; Mme de Staël et la réaction libérale. — Lagrange, Laplace, Bichat, Berthollet, Monge, Haüy, Fourcroy, Cuvier, Geoffroy Saint-Hilaire ; commencement des grandes applications industrielles de la science.

David et Gros.

Résultats du règne de Napoléon Ier. Gloire militaire incomparable et expansion sur toute l'Europe des principes de 1789. — Savante organisation du pays ; puissante impulsion donnée à l'industrie ; grands travaux publics ; essor des sciences ; renouvellement des arts.

7. La Restauration.

Le congrès de Vienne et les traités de 1815.

Tableau comparé des puissances européennes et de leurs colonies en 1789 et en 1815.

Napoléon à Sainte-Hélène.

8. En France, en Italie, en Espagne et en Allemagne, antagonisme entre l'ancien régime qui veut renaître, et les idées nouvelles qui veulent s'affirmer. — Pouvoir des torys en Angleterre. La sainte Alliance.

9. Louis XVIII. — Occupation militaire du territoire français : la terreur blanche et les cours prévôtales ; le maréchal Ney et le maréchal Brune ; la chambre dite Introuvable. — Mesures économiques prises en vue de la politique nouvelle : exagération du système protecteur en France et en Angleterre ; l'échelle mobile.

Sévérité de la nouvelle diète fédérale allemande ; mesures réactionnaires des gouvernements italiens. Par contre, sociétés secrètes ; assassinat de Kotzebue en Allemagne et du duc de Berry en France.

10. Révolutions de 1820 en Espagne et à Lisbonne, à Naples et à Turin : mouvements en Allemagne et en Pologne, où les promesses de 1813 et de 1815 n'étaient pas tenues ; insurrection des Grecs ; émancipation des colonies espagnoles.

Congrès de Troppau, de Laybach et de Vérone ; la police de l'Europe faite par la sainte Alliance.

Intervention armée de l'Autriche, qui occupe trois ans l'Italie ; de la France, qui reste cinq années en Espagne ; la Hollande impose sa langue aux écoles et aux tribunaux de Belgique.

11. Mouvement de renaissance dans les lettres et les arts : éclat des sciences.

Influence de Schiller, de Gœthe, de Byron et des littératures étrangères.

Lamartine et Victor Hugo, Augustin Thierry et Champollion ; orateurs et philosophes.

Ingres, Delacroix, Léopold Robert et Géricault.

Cuvier et G. Saint-Hilaire, Ampère, Arago, Fresnel, Thénard, Chevreul, Berzelius, Humboldt ; Stéphenson et Séguin.

Le premier bateau à vapeur en France (1815), et le premier chemin de fer (1825) ; le premier éclairage au gaz à Paris (1817) ; découverte d'Ampère et d'Arago qui mettent sur la voie de la télégraphie électrique.

Portée de la révolution produite par ces diverses applications de la science.

12. Charles X. — Indemnités aux émigrés ; la Congrégation, loi du sacrilège. — Ministère Villèle en France, Wellington en Angleterre, don Miguel à Lisbonne.

Progrès des idées libérales : en Angleterre, Canning, O'Connell ; émancipation des catholiques d'Irlande ; réformes économiques de Huskisson : en France, ministère Martignac ; en Allemagne, formation de l'union douanière et application à l'intérieur de la liberté commerciale.

Intervention en faveur des Grecs; bataille de Navarin et occupation de la Morée par un corps français.

La Russie, pour mettre à profit la popularité de la cause hellénique, essaye d'enlever Constantinople : l'Autriche et l'Angleterre l'arrêtent ; traité d'Andrinople, fondation d'un royaume grec.

13. Ministère Polignac. — Prise d'Alger. — **Les ordonnances,** révolution de juillet.

Résultats généraux des quinze années de la Restauration. — Extension donnée au régime constitutionnel ; prospérité financière et commerciale ; caisses d'épargne ; délivrance de la Grèce et destruction de la piraterie ; mouvement des esprits. — Chute définitive de l'ancien régime.

14. Le roi Louis-Philippe. — Principe de la politique extérieure : l'alliance anglaise et la paix.

Suites de la révolution de 1830 en Europe : révolution de Bruxelles qui crée le royaume de Belgique ; soulèvement de la Pologne ; chute en Suisse des gouvernements aristocratiques ; nombreux mouvements en Allemagne et concessions libérales. — Révolution à Parme, à Modène, à Bologne, à Ferrare, dans les Marches et l'Ombrie ; intervention armée de l'Autriche malgré la protestation de la France. Occupation d'Ancône.

Chute du ministère tory en Angleterre et bill de réformes.

En Espagne, établissement d'un gouvernement constitutionnel à Madrid et à Lisbonne, mais formation d'un parti carliste à l'instar des légitimistes de France.

En Turquie, réformes du sultan Mahmoud, mais commencement d'un démembrement de l'Empire : Milosch, prince de Servie ; Méhémet-Ali, pacha d'Égypte. — Victoire d'Ibrahim à Konieh. — Intervention des Russes. — Revue des traités de Kaïnardji (1774), de Bucharest (1812), d'Andrinople (1829) et d'Unkias-Skélessi (1833).

15. Rivalité de la Russie et de l'Angleterre en Orient. — Progrès des Anglais aux Indes, des Russes au sud du Caucase et à l'est de la mer Caspienne. — Rôle de la Perse. — Siége de Hérat (1838). — Précautions prises par les deux puissances l'une contre l'autre. — Expédition des Anglais dans l'Afghanistan et des Russes contre Khiva.

Les Anglais veulent s'ouvrir la Chine, où les Russes ont une mission permanente. — Guerre de l'opium.

1.6 Les sympathies de la France pour le pacha d'Égypte amènent un rapprochement entre l'Angleterre et la Russie. — Première phase de la question d'Orient : la France est mise hors du concert européen (1840). Traité de Londres et convention des détroits. Fortifications de Paris.

17. Résumé de la politique intérieure du roi Louis-Philippe. — Le gouvernement nouveau se constitue sur une base étroite : le pays légal (200 000 électeurs).

Fréquents changements de ministères. — Droits de visite. — Affaire Pritchard ; mariages espagnols.

Résultats généraux : lois sur l'instruction primaire et sur l'expropriation : abolition de la loterie : adoucissement de la loi pénale ; progrès de la liberté politique et religieuse. — Sourde propagation des idées socialistes.— Développement de l'industrie (introduction des machines-outils) ; du commerce (crises commerciales).— Lois sur les chemins vicinaux (1836) et sur les chemins de fer (1842) ; phares pour l'éclairage de tout le littoral. — Progrès des sciences ; — la photographie.

Conquête de l'Algérie, moins la Kabylie et la région du Sud.

18. Révolution de février 1848.

Demandes pour une réforme électorale et parlementaire, pour le remaniement de notre système de douanes et de certains impôts. — Journées des 23 et 24 février à Paris : chute de la maison d'Orléans et proclamation de la République.

Exposition des idées communistes ; fausses notions sur la nature de la *propriété* et du *capital*, qui représentent les fruits accumulés du travail, — sur la production et la répartition de la richesse, c'est-à-dire sur le travail même, — sur le jeu des institutions de crédit et la libre concurrence, etc.

Arrêt soudain du travail par le défaut de sécurité ; les ateliers nationaux. — Journée du 15 mai et bataille de juin. — Élections du 10 décembre ; le prince Louis-Napoléon est nommé président de la République.

19. Contre-coup des journées de février en Europe.

Ébranlement presque général. — Révolution à Milan, à Venise, à Vienne, à Berlin, à Francfort, en Hongrie et dans les Principautés danubiennes.

Victoire de l'Autriche à Novare et en Hongrie. — Rétablissement de l'ancien ordre de choses en Italie et en Allemagne. — Occupation de Rome par la France.

20. Rétablissement de l'Empire en France sur la large base du suffrage universel. — Napoléon III et la constitution impériale.

Le socialisme, vaincu par la force, l'est mieux encore par les constants efforts du gouvernement nouveau pour donner satisfaction aux besoins généraux du pays et aux intérêts populaires.

1° Institutions de bienfaisance :

Organisation de l'assistance judiciaire, d'une caisse de retraites pour la vieillesse et de la médecine cantonale.— Établissement à Vincennes et au Vésinet d'asiles pour les ouvriers convalescents ou mutilés, pour les indigents. — Dotation de l'armée. — Loi sur l'assainissement des logements insalubres. — Fondation de l'Orphelinat du Prince Impérial.

2° Vigoureuse impulsion donnée aux travaux publics.

Le Louvre, Paris, Marseille, Lyon. — Achèvement du réseau des chemins de fer. — Reconstruction de la flotte.

3° Encouragements à l'agriculture, à l'industrie et aux arts.

Organisation des comices agricoles, des chambres d'agriculture, des concours régionaux et de la société des assurances agricoles; loi pour le reboisement des montagnes et la mise en valeur des biens communaux. — Expositions universelles des produits de l'agriculture, de l'industrie et des arts. — Subventions en faveur du drainage; assainissement et culture des landes de Gascogne.

4° Institutions de crédit :

Organisation du crédit foncier et du crédit mobilier. — Caisse de la boulangerie pour prévenir, en cas de disette, la trop grande élévation du prix du pain à Paris. — Société du Prince Impérial (prêt de l'enfance au travail); conversion de la rente; emprunts nationaux.

5° Liberté commerciale :

Inauguration en France d'une nouvelle politique commerciale (réformes de sir Robert Peel en Angleterre, M. Cobden). — Suppression de l'échelle mobile. — A Paris, liberté du commerce de la boucherie et de la boulangerie. — Traité de commerce avec l'Angleterre, dans le sens de la liberté des transactions ; conventions analogues avec d'autres puissances. — Création de la grande navigation à vapeur transtlantique.

Effet sur la production générale de la facilité des échanges entre les nations.

6° Instruction publique; liberté de l'enseignement. — Développement considérable de l'instruction primaire ; amélioration du sort des instituteurs et des membres du corps enseignant. — Fondation de grands prix académiques pour l'encouragement des hautes études; nombreuses missions scientifiques.

7° Politique générale. — A l'intérieur, accroissement progressif des libertés publiques et politique de conciliation.

Au dehors, accroissement du territoire national dans la métropole (Savoie et comté de Nice) et dans l'Algérie (conquête de la Kabylie et du Sahara algérien). — Grande situation faite à la France en Europe.

21. Le tzar Nicolas et le panslavisme.

Politique du tzar à l'égard de la France depuis 1830. — Son influence sur l'Allemagne. — Ses efforts pour dénationaliser la Pologne. — Il sauve l'Autriche en écrasant les Hongrois, et croit le moment venu de saisir Constantinople. — La France et l'Angleterre l'arrêtent. — Guerre de Crimée. — Convention avec la Suède. — Congrès et traité de Paris. — Progrès du droit des gens. — Expédition de Syrie. Canal de l'isthme de Suez.

22. Rôle de l'Autriche et du Piémont durant la guerre de Crimée. — Les Autrichiens envahissent le Piémont. — L'Empereur Napoléon, reprenant la politique séculaire de la France, intervient pour sauver le Piémont et détruire la prépotence de l'Autriche en Italie. — Batailles de Magenta et de Solferino. — Paix de Villafranca et traité de Zurich. — Formation d'un royaume d'Italie.

Agitation en Allemagne : antagonisme séculaire de la Prusse et de l'Autriche.

23. Efforts faits par la civilisation européenne pour déborder sur le reste du monde.

Prospérité des colonies anglaises et des établissements hollandais. — Position des Anglais dans l'Inde depuis la guerre des cipayes. — Occupation par les Russes du bassin de l'Amour : tentative des diverses puissances pour ouvrir le Japon et la Chine. — Prise de Pékin par une expédition anglo-française. — Conquête par la France de la basse Cochinchine. — Nouveau système colonial ; le travail libre et le travail esclave.

24. Rapide et redoutable essor de l'Union américaine, favorisé par l'extrême liberté des États au sein de l'Union et des particuliers au sein de l'État ; par l'immense étendue de territoire inoccupé et fertile ouverte à l'émigration européenne ; par le développement des cultures (coton, blé, tabac, riz) et la découverte des gîtes aurifères de la Californie (gisements d'Australie). — Effets de l'abondance de l'or sur le marché européen et révolution économique analogue à celle du seizième siècle.

Le principe nouveau de l'affranchissement des noirs provoque la guerre au sein de l'Union américaine entre les États du Nord et ceux du Sud.

Anarchie permanente des anciennes colonies espagnoles. — Expédition du Mexique, entreprise par les trois puissances pour de communs griefs, et continuée par la France seule. — Prise de Puebla, occupation de Mexico.

25. Tableau comparatif des grandes puissances du monde :

Population, religion, gouvernement, armée, flotte, budget, agriculture, industrie, commerce, arts, sciences, littérature.

Comparaison pour la France, entre les années 1788 et 1863, de la production agricole et industriellle, de la population et des ressources financières. — Accroissement énorme de la richesse publique et de la vie moyenne. — Diminution progressive du paupérisme et de la criminalité.

26. Caractères nouveaux de la société moderne :

1° Solidarité chaque jour plus grande entre les peuples : relations étroites établies par les chemins de fer et la navigation à vapeur, par la télégraphie électrique, les banques et le nouveau régime commercial. Propagation du système métrique ; expositions universelles. Progrès des idées de paix, malgré les guerres récentes, par la fréquence des relations et la solidarité des intérêts entre les peuples.

2° Préoccupation de la part des gouvernements des intérêts du plus grand nombre, pour diminuer, par l'activité du travail, la misère physique, par l'instruction, la misère morale.

3° Par l'égalité des droits et la libre expansion de l'activité individuelle, la richesse est produite en plus grande abondance et se distribue mieux, l'épargne est devenue possible pour les classes qui vivent de salaires, et le capital s'est formé au sein des masses qui ne le connaissaient pas : chez les anciens, la guerre, la spoliation et l'esclavage, avec leur influence corruptrice, donnaient la richesse; le travail et l'épargne, avec leur action bienfaisante, sont désormais la source des fortunes privées.

Grandeur, mais danger de la civilisation moderne; nécessité de développer les intérêts moraux pour faire équilibre au développement immense des intérêts matériels.

Part de la France dans l'œuvre générale de la civilisation.

XXVI.

Dessin d'imitation et d'ornement.

Le programme est le même que celui de la classe de rhétorique. Seulement les élèves sont tenus, dans la dernière année du cours, c'est-à-dire dans l'année de philosophie, de reproduire quelques modèles d'ornements en couleur.

ENSEIGNEMENT PARTICULIER A LA SECTION DES LETTRES.

CLASSE DE SECONDE.

XXVII

Compléments d'algèbre élémentaire et éléments de géométrie dans l'espace (moins les corps ronds).

Compléments d'algèbre élémentaire.

1-5. Révision des notions d'algèbre données dans la classe de troisième. — Exercices sur la résolution des équations numériques et littérales du premier degré à une ou deux inconnues. — Formules générales de résolution.

6—11. Équations numériques du second degré à une inconnue. Résolution. — Double solution. — Exercices.

Résolution de l'équation générale $x^2+px+q=o$. — Les transformations qui conduisent à la formule supposent que $\frac{p^2}{4}$ est supérieur ou au moins égal à q. — Examen du cas où l'on a $\frac{p^2}{4} < q$. — Introduction d'un nouveau symbole. Valeurs imaginaires. Relation entre les coefficients p, q et les racines de l'équation. — Usage de ces relations.

Décomposition du trinôme x^2+px+q en deux facteurs du premier degré.

Application des équations du second degré à quelques problèmes de géométrie plane [1].

Géométrie dans l'espace.

12—16. Du plan et de la ligne droite. — Deux droites qui se coupent déterminent la position d'un plan. — Condition pour qu'une droite soit perpendiculaire à un plan.

Propriétés de la perpendiculaire et des obliques, menées d'un même point à un plan.

Parallélisme des droites et des plans.

7—20. Lorsque deux plans se rencontrent, la figure que forment ces plans, terminés à leur intersection commune, s'appelle *angle dièdre*. — Génération des angles dièdres par la rotation d'un plan autour d'une droite. — Dièdre droit.

Angle plan correspondant à l'angle dièdre. — Le rapport de deux angles dièdres est le même que celui de leurs angles plans.

Plans perpendiculaires entre eux. — Si une droite est perpendiculaire à un plan, tout plan conduit suivant cette droite est perpendiculaire au premier plan. — Si deux plans sont perpendiculaires à un troisième, leur intersection commune est perpendiculaire à ce troisième.

21-22. Angles trièdres. — Chaque face d'un angle trièdre est plus petite que la somme des deux autres.

Si l'on prolonge les arêtes d'un angle tièdre au delà du sommet, on forme un nouvel angle tièdre qui ne peut lui être superposé, bien qu'il soit composé des mêmes éléments. Ces deux angles tièdres sont dits *symétriques* l'un de l'autre. (*On se bornera à cette simple notion.*)

La somme des faces d'un angle polyèdre convexe est plus petite que quatre angles droits.

---

[1]. L'etude des principales propriétés des progressions, des logarithmes et de leurs usages, aura sa place dans le cours de philosophie.

23—35. Des polyèdres. — Prisme, parallélipipède, cube; pyramide.
— Sections planes, parallèles, du prisme et de la pyramide.
26—32. Mesure des volumes ; Unité. — Volume du parallélipipède
rectangle, ou parallélipipède quelconque, du prisme triangulaire, du prisme quelconque; de la pyramide triangulaire, de
la pyramide quelconque; du tronc de pyramide à bases parallèles. — Exercices numériques.
Notions sur la similitude des polyèdres [1].

Dispositions transitoires. Pendant l'année scolaire 1863-64, la
révision d'algèbre indiquée dans la première partie de ce programme sera remplacée par l'*exposition* des premières notions du
calcul algébrique, suivie de la résolution des équations *numériques* des deux premiers degrés. — L'étude de la géométrie *dans
l'espace* devra aussi subir une réduction, afin qu'elle puisse s'appuyer sur la *révision* des points les plus importants de *la géométrie plane.* Dix leçons, au besoin, seront consacrées à cette révision.

CLASSE DE RHÉTORIQUE.

XXVIII

Étude des corps ronds.

1—7. Cône droit à base circulaire. — Sections parallèles à la base.
— Surface latérale du cône, du tronc de cône à bases parallèles.
— Volume du cône, du tronc de cône à bases parallèles.
Cylindre droit à base circulaire. — Mesure de la surface latérale
et du volume. — Extension aux cylindres droits à base quelconque. (*A l'occasion de chaque corps rond, on reviendra sommai-
rement sur les propriétés du polyèdre correspondant*).
8—11. Sphère. — Sections planes ; grands cercles, petits cercles.
Pôles d'un cercle. Étant donnée une sphère, trouver son rayon
par une construction plane.
Plan tangent à la sphère.
Mesure de la surface engendrée par une ligne brisée régulière,
tournant autour d'un axe mené dans son plan et par son centre.
— Aire de la zone ; de la sphère entière. — Exercices.
12—15. Mesure du volume de la sphère considérée comme somme
d'une infinité de pyramides ayant pour bases des polygones plans
infiniment petits, et le rayon pour hauteur. — Autre méthode
de mesure fondée sur la considération du volume engendré par

---

1. Ces notions seront complétées dans le cours de philosophie.

un triangle, tournant autour d'un axe mené dans son plan, par
un de ses sommets. Application au secteur polygonal régulier,
tournant autour d'un axe mené dans son plan et par son centre.
— Volume du secteur sphérique ; de la sphère. — Exercices.

XXIX

Cosmographie.

(Ce cours doit être très-élémentaire et *purement descriptif*.)
16—18. Premières apparences que présente l'aspect du ciel. —
    Mouvement diurne des astres. — Sphère céleste. — Axe du
    monde. — Pôles. — Plan méridien de l'observateur. — Méri-
    dienne. — Points cardinaux. — Étoiles circumpolaires , étoile
    polaire. — Hauteur du pôle à Paris. — Parallèles, équateur. —
    Énoncé des lois du mouvement diurne. — Jour sidéral.
Mouvement réel de rotation de la terre sur elle-même.
Ascensions droites et déclinaisons des étoiles. — Description du
    ciel. — Constellations et principales étoiles. Notions sur leurs
distances à la terre.
19—21. De la terre. Phénomènes qui donnent une première idée
    de sa forme. — Pôle. Parallèles. Équateur. — Méridiens. — Lon-
    gitudes et latitudes géographiques.
Valeurs numériques des degrés mesurés en France, en Laponie,
    au Pérou, et rapportés à l'ancienne toise. Leur allongement à
    mesure qu'on s'approche des pôles ; on en conclut que la terre
    est aplatie aux pôles.
Cartes géographiques. — Notions très-sommaires sur les divers
    systèmes de projections. — Mappemonde.
22—25. Du soleil. — Mouvement annuel apparent. — Écliptique.
    — Points équinoxiaux. — Constellations zodiacales.
Diamètre apparent du soleil, variable avec le temps. — Le soleil
    paraît décrire une ellipse autour de la terre. — Principes des
    aires.
Origine des ascensions droites. — Mouvement diurne du soleil en
    ascension droite. — Temps solaire vrai et moyen.
Année tropique. Sa valeur en jours moyens. — Calendrier. — Ré-
    forme julienne ; réforme grégorienne.
Distance du soleil à la terre. — Rapport du volume du soleil à
    celui de la terre. Rapport des masses.
Du jour et de la nuit en un lieu déterminé de la terre, et de leurs
    durées à différentes époques de l'année. — Crépuscule.
Saisons. — Inégalité de la durée des différentes saisons.
Idée de la précession des équinoxes.
Mouvement réel de la terre autour du soleil.

26—28. De la lune. — Diamètre apparent. — Phases. Syzygies. — Quadratures. — Lumière cendrée.

Révolutions sidérale et synodique. — Orbite décrite par la lune autour de la terre.

Distance de la lune à la terre. — Diamètre réel et volume de la lune. — Sa masse.

Taches. — Rotation. — Aperçu sur la constitution physique de la lune.

Notions sur les éclipses de lune et de soleil.

29—32. Des planètes. — Noms des principales. — Leurs distances au soleil. Lois de Képler. — Énoncé du principe de la gravitation universelle.

Planètes inférieures. — Digressions et phases.

Notions sur les planètes supérieures : Jupiter et ses satellites. — Vitesse de la lumière. — Saturne. — Anneau et satellites.

Notions sur les comètes. — Comètes périodiques les plus célèbres.

Notions très-sommaires sur les marées.

Dispositions transitoires. Pendant l'année scolaire 1863 - 64, attendu que les élèves de rhétorique ont déjà reçu dans le cours de l'année précédente un enseignement de comosgraphie, cette science sera l'objet d'une simple *révision*, à laquelle dix leçons seulement seront consacrées. Par compensation, les vingt-deux premières leçons du cours seront employées à la géométrie des plans et des solides.

CLASSE DE PHILOSOPHIE.

XXX

Mathématiques.

L'enseignement des mathématiques de cette classe ne demande pas de programmes particuliers; il a pour objet la révision des matières déjà enseignées dans les années de troisième, seconde et rhétorique, conformément aux programmes.

Le professeur y introduira seulement cinq leçons complémentaires sur les progressions, les logarithmes et l'usage des tables, et sur la similitude des figures dans l'espace.

20 leçons seront consacrées à l'arithmétique.

16 leçons à l'algèbre.

45 leçons à la géométrie.

XXXI

Physique.

1—3. De la pesanteur. — Expérience de la chute des corps dans le vide. — Masse. — Densité; poids d'un corps. — Centre de gravité. — Isochronisme des petites oscillations du pendule. — Usage de la balance.

4—6. Conditions d'équilibre des liquides. — Démonstration expérimentale du principe d'Archimède. — Poids spécifiques des corps. — Idée des aéromètres.

7—10. Baromètre. — Lois de Mariotte. — Machine pneumatique. — Pompes. — Siphon.

11—14. Dilatabilité des corps par la chaleur. — Thermomètre. Chaleur rayonnante. — Réflexion de la chaleur. — Émission et absorption.

15—21. Changement d'état des corps. — Fusion, solidification, vaporisation, liquéfaction. — De la chaleur latente. — Démonstration expérimentale de la force élastique des vapeurs. Donner une idée du principe des machines à vapeur. — Ebullition, distillation, évaporation, froid produit par l'évaporation. — Notions sur les chaleurs spécifiques des corps.

22—26. Développement de l'électricité par le frottement. — Faits sur lesquels repose l'hypothèse des deux fluides électriques. — Description des électroscopes et de la machine électrique. — Effets de la bouteille de Leyde et des batteries. — Analogie entre les effets de la foudre et de l'électricité. — Paratonnerres.

27—28. Aimants naturels. — Pôles. — Déclinaison de l'aiguille aimantée. — Aimantation.

29—32. Pile voltaïque. Ses principaux effets physiques, chimiques et physiologiques. — Courant électrique. — Aimantation du fer doux. — Télégraphes électriques.

33. — Du son. — Sa vitesse dans l'air. — Le son ne se propage pas dans le vide.

34—40. Lumière. — Réflexion. — Lois de la réflexion. — Miroirs plans. — Effets des miroirs concaves. — Foyer. — Réfraction. — Effets de la réfraction. — Effets des lentilles. — Prisme. — Spectre solaire. — Loupe. — Lunette astronomique.

XXXII

Histoire naturelle.

Ce programme pour la classe de philosophie (section des lettres) est absolument le même que celui de la rhétorique (sciences). Les élèves des deux catégories peuvent être réunis quand ils ne sont pas trop nombreux (voy. le programme L, p. 74).

XXXIII

Chimie[1].

1—2. Divers états de la matière. — Cohésion. — Formation des corps composés. — Synthèse. — Leur destruction. — Analyse.

Affinité. — Causes qui la modifient. — Phénomènes qui accompagnent la combinaison des corps.

Corps simples. — Métaux. — Métalloïdes.

Corps composés. — Principes de la nomenclature. — Acides. — Bases. — Corps neutres. — Sels.

Proportions multiples.

3—6. Oxygène. — Combustion. — Exemples de combustion vive et de combustion lente. — Chaleur dégagée par la combustion des principaux corps combustibles.

Azote. — Air atmosphérique. — Analyse qualitative de l'air. — Son analyse quantitative par l'eudiomètre.

Hydrogène. — Eau. — Analyse et synthèse de l'eau.

Notions sur les équivalents.

Carbone. — Acide carbonique. — Oxyde de carbone. — Synthèse de l'acide carbonique. — Sa formation par les animaux. — Sa décomposition par les plantes.

7—9. Hydrogène bicarboné. — Gaz de l'éclairage. — Flamme. — Toiles métalliques. — Lampe de sûreté.

Oxydes d'azote. — Acide azotique. — Nitre. — Poudre.

Ammoniaque.

10—12. Soufre. — Acide sulfureux. — Acide sulfurique. — Hydrogène sulfuré.

Phosphore. — Acide phosphorique. — Hydrogène phosphoré.

Chlore. — Acide chlorydrique. — Eau régale. — Classification des corps non métalliques en familles naturelles.

13—14. Métaux en général. — Classification des métaux.

Alliages en général. — Les principaux alliages utiles.

15. Sels en général. — Lois de leur composition. — Lois de Berthollet.

16. Notions sur la composition des matières organiques.

---

1. Le professeur ne perdra pas de vue que cet enseignement est destiné à fixer dans la mémoire des élèves, non le détail descriptif des corps, mais la connaissance des vues générales ou pratiques sur l'air, l'eau, l'oxydation; la combustion; sur les conditions et les effets généraux de l'action chimique et sur les forces qui en résultent.

ENSEIGNEMENT PARTICULIER A LA SECTION DES SCIENCES.

CLASSE DE SECONDE.

XXXIV

Compléments d'arithmétique et d'algèbre.

Arithmétique.

1—10. Compléments relatifs aux principes de la multiplication, et aux propriétés des diviseurs premiers. On reviendra particulièrement sur la recherche du plus grand commun diviseur de deux nombres, la décomposition d'un nombre en ses facteurs premiers, la recherche du plus petit multiple commun, à plusieurs nombres, et la réduction des fractions à leur plus simple expression.

Retour d'une fraction décimale périodique, simple ou mixte à la fraction ordinaire génératrice.

Notions sur les erreurs relatives correspondantes des données et du résultat d'un calcul (cas de la multiplication et de la division).

Règle de la multiplication abrégée.

Algèbre.

11—17. Révision et compléments des premières notions données dans la classe de troisième. — Discussion complète des formules qui résolvent un système d'équations du premier degré à deux inconnues. — Exercices.

18—22. Équation du second degré à une inconnue. — Résolution. — Double solution. — Valeurs imaginaires.

Décomposition du trinôme $x^2 + px + q$ en facteurs du premier degré. — Relations entre les coefficients et les racines de l'équation $x^2 + px + q = o$.

Des questions de maximum et de minimum qui peuvent se résoudre par les équations du second degré.

23—27. Principales propriétés des progressions arithmétiques et des progressions géométriques.

Des logarithmes. — Chaque terme d'une progression arithmétique commençant par zéro, $(o, r, 2r, 3r, 4r....)$ est dit le logarithme du terme qui occupe le même rang dans une progression géométrique commençant par l'unité, $(1, q, q^2, q^3, q^4....)$

Extension de la définition précédente aux nombres qui ne font pas partie de la progression géométrique primitive. — On peut insérer entre les termes consécutifs de la progression géométrique un assez grand nombre de moyens pour que ces termes croissent par degrés aussi rapprochés qu'on voudra.

Le logarithme d'un produit de plusieurs facteurs est égal à la somme des logarithmes de ces facteurs. — Corollaires relatifs à la division, à l'élévation aux puissances, à l'extraction des racines.

Logarithmes dont la basse est 10. — Tables. — Règle des parties proportionnelles. — De la caractéristique. — Changement qu'elle éprouve quand on multiplie ou quand on divise un nombre par une puissance de 10.

Introduction des caractéristiques négatives, pour étendre aux nombres plus petits que 1 les calculs logarithmiques [1].

28—32. Usage des tables.

Intérêts composés et annuités. — Application des logarithmes à ces questions.

XXXV

Compléments de géométrie plane et première partie de la géométrie dans l'espace.

1—8. Révision et compléments de quelques points de la géométrie plane, notamment des théorèmes relatifs à la similitude et à la mesure des aires, de l'inscription des polygones réguliers (cas du décagone) et de la détermination du rapport de la circonférence au diamètre. — Méthode des isopérimètres.

9—12. Exercices et problèmes sur la comparaison des aires. — Construire un carré dont le rapport à un carré donné soit égal au rapport de deux lignes données. — Construire un rectangle équivalent à un carré donné, et dont les côtés adjacents

---

1. Un nombre $a < 1$ étant donné, si l'on désigne par P le produit $a \times 10^n$ supposé > 1, en sorte que $a = \dfrac{P}{10^n}$, P aura un logarithme. Or, on a démontré que dans le cas où P était supérieur à 10^n, on avait :

$$\log \frac{P}{10^n} = \log P - n.$$

On *convient* d'étendre ce théorème au cas actuel, et par suite d'*appeler logarithme de a le logarithme de P, diminué de n.* En faisant porter cette soustraction sur la caractéristique seule, on voit que celle-ci contiendra un nombre d'unités *négatives* égal au rang qu'occupe, à droite de la virgule, le premier chiffre significatif de a.

fassent une somme, ou aient entre eux une différence donnée. — Application à la construction des racines des équations du second degré à une inconnue.

Figures dans l'espace.

13—18. Du plan et de la ligne droite. — Deux droites qui se coupent déterminent la position d'un plan. — Condition pour qu'une droite soit perpendiculaire à un plan.

Propriétés de la perpendiculaire et des obliques, menées d'un même point à un plan. — Abaisser d'un point donné une perpendiculaire sur un plan.

Parallélisme des droites et des plans. — Deux droites comprises entre trois plans parallèles sont coupées en parties proportionnelles.

19—23. Lorsque deux plans se rencontrent, la figure que forment ces plans, terminés à leur intersection commune, s'appelle *angle dièdre.* — Génération des angles dièdres par la rotation d'un plan autour d'une droite. — Dièdre droit.

Angle plan correspondant à l'angle dièdre. — Le rapport de deux angles dièdres est le même que celui de leurs angles plans correspondants.

Plans perpendiculaires entre eux. — Si une droite est perpendiculaire à un plan, tout plan conduit suivant cette droite, est perpendiculaire au premier plan. — Si deux plans sont perpendiculaires à un troisième, leur intersection commune est perpendiculaire à ce troisième.

24—29. Angles trièdres. — Chaque face d'un angle trièdre est plus petite que la somme des deux autres.

Si l'on prolonge les arêtes à un angle trièdre au delà du sommet, on forme un nouvel angle trièdre qui ne peut lui être superposé, bien qu'il soit composé des mêmes éléments. Ces deux angles trièdres sont dits *symétriques* l'un de l'autre.

Si deux angles trièdres ont leurs faces égales chacune à chacune, les angles dièdres opposés aux faces égales sont égaux chacun à chacun, et les deux angles trièdres sont égaux ou symétriques.

Propriété de l'angle trièdre supplémentaire.

La somme des faces d'un angle polyèdre convexe est plus petite que quatre angles droits. — La somme des angles dièdres d'un angle trièdre est comprise entre deux droits et six droits. — Analogie et différences entre les angles trièdres et les triangles rectilignes.

30—32. Premières notions sur les polyèdres. — Prisme. — Parallélipipède, cube. — Pyramide. — Sections planes, parallèles, du prisme et de la pyramide.

XXXVII

Application de la géométrie au levé des plans et à l'arpentage.

1—3. Tracé d'une droite sur le terrain. — Mesure d'une portion de droite au moyen de la chaîne. — Levé au mètre. — Tracé des perpendiculaires. — Usage de l'équerre d'arpenteur. — Mesure des angles au moyen du graphomètre. — Description et usage de cet instrument. — Rapporter le plan sur le papier. — Échelle de réduction.

Levé à la planchette.

4—6. Déterminer la distance à un point inaccessible ; la distance entre deux points inaccessibles. — Prolonger une ligne droite au delà d'un obstacle qui arrête la vue.

Par trois points donnés, mener une circonférence, lors même qu'on ne peut approcher du centre.

Trois points, A, B, C, étant situés sur un terrain uni et rapportés sur une carte, déterminer, sur cette carte, le point d'où les distances AB et AC ont été vues sous des angles qu'on a mesurés.

Notions sur l'arpentage. — Cas où le terrain serait limité, dans une de ses parties, par une ligne courbe.

XXXVII

Trigonométrie rectiligne.

1—4. Lignes trigonométriques. On ne considère que les rapports des lignes trigonométriques au rayon.

Relations entre les lignes trigonométriques d'un même angle. — Expression du sinus et du cosinus en fonction de la tangente.

Connaissant les sinus et les cosinus de deux arcs, trouver le sinus et le cosinus de leur somme et de leur différence. — Trouver la tangente de la somme ou de la différence de deux arcs quand on connaît les tangentes de ces deux arcs.

5—7. Expressions de $\sin 2a$, $\cos 2a$ et $\operatorname{tang} 2a$. — Connaissant $\cos a$, calculer $\sin \frac{1}{2}a$ et $\cos \frac{1}{2}a$,

Rendre calculable par logarithmes la somme de deux lignes trigonométriques, sinus ou cosinus.

Notions sur la construction des tables trigonométriques.

8—9. Usage des tables.

10—14. Relations entre les angles et les côtés d'un triangle rectangle ou d'un triangle quelconque.

Résolution des triangles rectangles.

Résolution des triangles quelconques dans les quatre cas qui peuvent se présenter. Déterminer, dans ces divers cas, l'aire du triangle en fonction des données.

15—16. Application de la trigonométrie aux différentes questions que présente le levé des plans. (*Ces questions ont été énoncées dans le programme XXXVI, p. 61.*)

XXXVIII

Éléments de géométrie descriptive.

(*Ligne droite et plan.*)

1—4. Insuffisance du dessin ordinaire pour la représentation des corps. — Utilité d'une méthode géométrique qui, par des opérations graphiques exécutées sur un seul et même plan, fasse connaître exactement la forme et la position d'une figure à trois dimensions.

Projection d'un point, d'une droite, d'une ligne quelconque sur un plan. — Plans de projection.

Un point, une droite, sont complétement déterminés de position dans l'espace quand on assigne leurs projections sur deux plans fixes qui se coupent.

Traces d'une droite. — Vraie longueur de la droite qui joint deux points donnés par leurs projections.

—Angles d'une droite avec les plans de projection.

5 6. Réprésentation d'un plan par ses traces. — Angles d'un plan avec les plans de projection.

Rabattre sur l'un des plans de projection un point, une droite, une figure quelconque, situés dans un plan donné. — Relever le plan rabattu et déterminer les projections d'un point, d'une droite, donnés dans le rabattement. — Exercices.

7—12. Intersection de deux plans. — Intersection d'une droite et d'un plan.

Distance d'un point à un plan. — Distance d'un point à une droite.

Angle de deux droites. — Angle d'une droite et d'un plan. — Angle de deux plans.

Projections d'un cube, d'une pyramide, exécutées sur des objets réels.

XXXIX

Physique et notions préliminaires de mécanique.

Notions sur le mouvement et sur les forces.

1—2. Du temps et de sa mesure. — Du mouvement. — Il est absolu ou relatif.

Du mouvement uniforme. — Vitesse.

Du mouvement varié en général. — Vitesse.

Mouvement uniforme varié. — La chute des corps dans le vide présente un exemple de ce mouvement. — Ce qu'on nomme accélération.

Principe du mouvement relatif admis comme fait expérimental. — Composition et décomposition des vitesses déduites de ce principe.

3—6. Loi de l'inertie. — Forces. — Leurs effets divers selon que le corps est libre ou gêné. — Pression. — Application à la pesanteur. — Poids.

On distingue dans une force la direction, le point d'application et l'intensité. — Comparaison des forces aux poids à l'aide du dynamomètre. — Le kilogramme peut être pris pour unité de force.

L'effet d'une force sur un point matériel est indépendant du mouvement antérieurement acquis par ce point. — Il en résulte qu'une force constante, agissant sur un point matériel partant du repos ou animé d'une vitesse initiale de même direction que la force, lui imprime un mouvement uniformément varié. — Réciproque. — La pesanteur est une force constante.

Proportionnalité des forces constantes aux accélérations qu'elles produisent sur un même point matériel. — Cas où l'une des forces est le poids même du mobile. — De la masse. — Sa mesure. — Relation entre les forces, les masses et les accélérations. — Quantité de mouvement.

Énoncé des lois de la composition des forces appliquées à un même point.

Des forces appliquées à un corps solide. — On admet qu'on peut, sans changer l'état de repos ou de mouvement d'un corps, transporter le point d'application d'une force en un point quelconque de sa direction, pourvu que le second point soit supposé lié invariablement au premier. — Vérification de ce principe au moyen du dynamomètre.

Énoncé des lois de la composition des forces concourantes et parallèles. — Ce qu'on nomme centre des forces parallèles.

Pesanteur et hydrostatique.

7—13. Direction de la pesanteur. — Centre de gravité. — Poids.
— Lois de la chute des corps. — Machine d'Atwood. — Du
pendule. — Intensité de la pesanteur. — Balance.

Notions sur les divers états des corps. — Principe d'égalité de
pression. — Pression sur le fond des vases. — Équilibre
des liquides dans les vases communiquants. — Principe
d'Archimède.

Densité. — Aréomètres.

Pesanteur de l'air. — Baromètre.

Loi de Mariotte. — Manomètres. — Aérostats.

Machine pneumatique.

Chaleur.

14—17. — Dilatation des corps par la chaleur. — Construction
et usage des thermomètres. (On supposera les tubes bien
calibrés.)

Notions sur les coefficients de dilatation des solides, des liquides
et des gaz. — Leurs usages.

Densité des gaz. (Procédé de M. Regnault.)

18—21. Passage de l'état solide à l'état liquide, et passage inverse
de l'état liquide à l'état solide. — Chaleur latente. — Mélanges réfrigérants.

Passage de l'état liquide à l'état de vapeur. — Formation des
vapeurs dans le vide. — Vapeurs saturées et non saturées.
— Maximum de tension. — Mesure du maximum de tension
de la vapeur d'eau à diverses températures. — Tables.

22—26. Ébullition. — Chaleur latente. — Condensation. — Distillation. — Alambics. — Mélange des gaz et des vapeurs. —
Hygrométrie.

Détermination des chaleurs spécifiques des corps *solides* et *liquides* par la méthode des mélanges.

Chaleur rayonnante. — Rosée.

Notions sur la conductibilité des corps pour la chaleur (procédé
d'Ingenhoux).

27—28. Climats. — Température. — Influence de l'altitude, de
la position sur les continents et les îles. — Lignes isother-
mes. — Distribution annuelle de la température.

Des vents réguliers et irréguliers ; leur influence sur le climat.

Électricité.

29—33. Électricité. — Développement de l'électricité par le frottement. — Corps conducteurs et non conducteurs.

Loi des attractions et répulsions électriques. — L'électricité se
porte à la surface des corps et s'accumule vers les pointes.

Électricité par influence. — Électroscopes. — Électrophores. —
Machines électriques.
Électricité dissimulée. — Condensateurs. — Bouteille de Leyde.
— Batteries électriques. — Électromètre condensateur.
Électricité atmosphérique. — Tonnerre, paratonnerres.

Magnétisme.

34—36. Attraction qui s'exerce entre l'aimant et le fer. — Pôles
des aimants. — *Énoncé* de la loi des attractions et répulsions
magnétiques.
Déclinaison et inclinaison de l'aiguille aimantée. — Boussole
de déclinaison. — Procédés d'aimantation.

XL

Chimie[1].

1—2. Actions diverses résultant du contact des corps. — Effets
divers produits par la chaleur sur eux. — Divers états de la
matière. — Corps simples. — Métaux. — Métalloïdes. —
Corps composés. — Acides. — Bases. — Corps neutres. —
Sels. — Notions élémentaires de nomenclature.
3—6. Oxygène. — Combustion.
Azote.—Air atmosphérique. — Analyse qualitative de l'air.
Hydrogène. — Eau. — (On constatera la décomposition de l'eau
par le fer et par la pile, sans parler de l'analyse quantitative.)
7—10. Carbone. — Acide carbonique. Production de l'acide carbonique dans la respiration des animaux. — Sa décomposition par les plantes.
Oxyde de carbone. — Hydrogène carboné. — Flamme. — Effet
des toiles métalliques.—Lampes de sûreté.
11. Notions élémentaires sur les équivalents.
12—19. Oxydes d'azote. — Acide azotique. — Ammoniaque.
Soufre. — Acide sulfureux. — Acide sulfurique. — Hydrogène
sulfuré.
Phosphore. — Acide phosphorique. — Hydrogène phosphoré.
Chlore. — Acide chlorhydrique.
20. Classification des corps non métalliques en quatre familles.—

1. Ces trente leçons ont pour objet les principes mêmes de la chimie ; tout y
est important. On mettra donc une grande attention à la disposition et à l'exécution des expériences. Elles doivent servir de base à tous les raisonnements du professeur. On démontrera toujours la composition des corps importants sous le rapport de la nature de leurs éléments par des expériences claires, mais on n'insistera
pas sur leur analyse quantitative, dont l'étude est réservée pour le cours de mathématiques spéciales.

Rappeler les composés qu'ils forment entre eux, en se bornant aux principaux. — Donner leur formule.

21. Cyanogène. — Iodure d'azote. — Sulfure de carbone.

22—23. Propriétés et classification des métaux.

Propriétés des alliages. — Notions sommaires sur les plus usuels d'entre eux.

24—26. Action sur les métaux, de l'oxygène, de l'air sec ou humide. — Oxydes en général.

Action du soufre sur les métaux. — Caractère des sulfures. — Action de l'air à froid et à chaud sur les sulfures. — Action de l'eau. — Action du chlore sur les métaux. — Chlorures métalliques. — Action de l'eau et des métaux sur les chlorures. (Toutes ces démonstrations seront effectuées sur les métaux les plus communs.)

27—30. Sels en général. — Lois de Bertholet. — On montrera comment, pour les sels les plus usuels, on en reconnaît le genre et l'espèce.

Carbonates.) Lois de composition de ces trois genres : action
Sulfates.   } de la chaleur, du charbon, du soufre, de l'eau ;
Azotates.   ) des bases et des acides usuels.

XLI

Enseignement du dessin linéaire.

Ces exercices portent sur :

La *géométrie élémentaire* et les *projections des polyèdres ;*

Le *levé des plans* (d'après les opérations exécutées sur le terrain);

Les *épures de géométrie descriptive* (problèmes relatifs à la ligne droite et au plan).

CLASSE DE RHÉTORIQUE.

XLII

Géométrie dans l'espace.

1—5. Révision des principaux théorèmes relatifs à la ligne droite et au plan,

6—10. Les polyèdres. — Parallélipipède. — Mesure du volume du parallélipipède rectangle, du parallélipipède quelconque, du prisme triangulaire, du prisme quelconque.

Pyramide. — Mesure du volume de la pyramide triangulaire, de la pyramide quelconque. — Volume du tronc de pyramide à bases parallèles. — Volume du tronc de prisme triangulaire

11—15. De la symétrie dans les polyèdres. — Plan de symétrie. — Centre de symétrie. — L'étude de la symétrie par rapport à un point se ramène à celle de la symétrie par rapport à un plan, en imprimant une rotation de 180° à l'une des deux figures autour d'un axe perpendiculaire à ce plan et passant par le centre de symétrie.

Deux polyèdres symétriques ont leurs faces égales chacune à chacune, leurs angles dièdres homologues, égaux, et leurs angles polyèdres homologues, symétriques. — Deux polyèdres symétriques sont équivalents.

Polyèdres semblables [1].

En coupant une pyramide par un plan parallèle à sa base, on détermine une pyramide partielle semblable à la première. — Deux pyramides triangulaires qui ont un angle dièdre égal, compris entre deux faces semblables et semblablement placées, sont semblables.

Décomposition des polyèdres semblables en pyramides triangulaires semblables. — Rapport de leurs volumes. — Exercices numériques. — Pôle de similitude de deux polyèdres semblables, et semblablement placés.

16—18. Les corps ronds. — Cône droit à base circulaire. — Sections parallèles à la base. — Surface latérale du cône, du tronc de cône à bases parallèles. — Volume du cône, du tronc de cône à bases parallèles [2].

Cylindre droit à base circulaire. — Mesure de la surface latérale et du volume. — Extension aux cylindres droits à base quelconque.

19—24. Sphères. — Sections planes; grands cercles; petits cercles. — Pôles d'un cercle. — Etant donnée une sphère, trouver son rayon par une construction plane.

Plan tangent. — Angle de deux arcs de grand cercle.

Notions sur les triangles sphériques : leur analogie parfaite avec les angles trièdres.

Mesure de la surface engendrée par une ligne brisée régulière, tournant autour d'un axe mené dans son plan et par son centre. — Aire de la zone, de la sphère entière. — Exercices.

Mesure du volume engendré par un triangle, tournant autour d'un axe mené dans son plan par un de ses sommets. — Application au secteur polygonal régulier, tournant autour d'un

---

1. On appelle ainsi ceux qui sont compris sous un même nombre de faces semblables chacune à chacune et dont les angles polyèdres homologues sont égaux.

2. L'aire du cône (ou du cylindre) sera considérée, sans démonstration, comme la limite vers laquelle tend l'aire de la pyramide inscrite (ou du prisme inscrit), à mesure que ses faces diminuent indéfiniment.

axe mené dans son plan et par son centre. — Volume du secteur sphérique, de la sphère entière, du segment sphérique. —
Exercices.

XLIII

Notions sur quelques courbes usuelles.

1—4. Définitions de l'ellipse par la propriété des foyers.—Tracé
de la courbe par points et d'un mouvement continu.
Axes. — Sommets. — Rayons vecteurs.
Définition générale de la tangente à une courbe.
Les rayons vecteurs menés des foyers à un point de l'ellipse
font, avec la tangente en ce point et d'un même côté de cette
ligne, des angles égaux.
Mener la tangente à l'ellipse, 1° par un point pris sur la courbe,
2° par un point extérieur. — Normale à l'ellipse.
5—9. Définition de la parabole par la propriété du foyer et de
la directrice. — Tracé de la courbe par points et d'un mouvement continu. — Axe. — Sommet. — Rayon vecteur.
La tangente fait des angles égaux avec la parallèle à l'axe et le
rayon vecteur, menés par le point de contact.
Mener la tangente à la parabole, 1° par un point pris sur la
courbe, 2° par un point extérieur. — Normale. — Sous-normale.
Le carré d'une corde perpendiculaire à l'axe est proportionnel
à la distance de cette corde au sommet.
Définition de l'hélice, considérée comme résultant de l'enroule-
ment du plan d'un triangle rectangle sur un cylindre droit à
base circulaire.
La tangente à l'hélice fait avec l'arête du cylindre un angle
constant.
Construire la projection de l'hélice et de la tangente sur un plan
perpendiculaire à la base du cylindre.

XLIV

Compléments de géométrie descriptive.

1—6. Révision du cours de seconde. — Exercices : Projection
d'un cylindre à base circulaire.—Sections planes des polyèdres
et leur pénétration mutuelle.
Ce que, dans les arts du dessin, on nomme *plan*, *élévation* et
coupe. — Manière de représenter par plan, élévation et coupe
d'un bâtiment, une machine ou un organe de machine. (On
aura recours à des modèles en relief.)

XLV

Notions sur le nivellement et ses usages.

1—3. Objet du nivellement. — Description et usage du niveau
d'eau. — Manière d'inscrire et de calculer les résultats des
observations. — Profils du nivellement.
Représentation des résultats du nivellement et du levé des
plans, à l'aide d'une seule projection. — Ce que l'on nomme
plan coté. — Plan de comparaison. — Courbes de niveau.
4—5. Représentation d'un point et d'une droite sur un plan
coté.
Connaissant la cote d'un point situé sur une droite donnée,
trouver la projection de ce point, et *vice versa*.
Trouver l'inclinaison d'un chemin tracé sur un plan coté.
Manière de représenter les plans. — Ce qu'on nomme ligne de
plus grande pente d'un plan. — Échelle de pente.
Comment on trouve l'échelle de pente d'un plan assujetti à
passer par trois points donnés par leur projection et leur
cote.
Tracer, sur un plan coté, un chemin de pente donnée.

Durant les années de seconde et de rhétorique, on exercera les
élèves sur le terrain de manière à leur rendre familières les
opérations les plus élémentaires du levé des plans et du nivellement. Ces opérations seront représentées sur des feuilles
de dessin.

XLVI

Cosmographie.

1—4. Premières apparences que présente l'aspect du ciel. — Mouvement diurne des astres. — Sphère céleste. — Distances
angulaires des étoiles. — Axe du monde. — Pôles. — Plan
méridien. — Méridienne. — Points cardinaux. — Étoiles cir-
cumpolaires. — Étoile polaire. — Hauteur du pôle à Paris.
— Parallèles ; équateur. — Lois du mouvement diurne. —
Jour sidéral. — Mouvement réel de la rotation de la terre sur
elle-même.
Ascensions droites et déclinaisons des étoiles. — Description
du ciel. — Constellations et principales étoiles. — Voie lactée.
— Nébuleuses. — Étoiles doubles. Leurs révolutions. — Notions sur la distance des étoiles à la terre.
5—8. De la terre. Phénomènes qui donnent une première idée

de sa forme. — Pôles. — Parallèles. Équateur. — Méridiens. — Longitudes et latitudes géographiques.

Valeurs numériques des degrés mesurés en France, en Laponie, au Pérou, et rapportés à l'ancienne toise. — Leur allongement à mesure qu'on s'approche des pôles. — Rayon et aplatissement de la terre. — Longueur du mètre.

Cartes géographiques. — Projections orthographiques et stéréographiques. — Mappemonde. — Système de développement en usage dans la construction de la carte de France. Cartes marines.

9—13. Du soleil. — Mouvement annuel apparent. — Écliptique. — Points équinoxiaux. — Constellations zodiacales.

Diamètre apparent du soleil, variable avec le temps. — Le soleil paraît décrire une ellipse autour de la terre. — Principe des aires.

Origine des ascensions droites. — Mouvement diurne du soleil en ascension droite. — Temps solaire vrai et moyen. — Principes élémentaires des cadrans solaires.

Année tropique. Sa valeur en jours moyens. — Calendrier. — Réforme julienne ; réforme grégorienne.

Distance du soleil à la terre. — Rapport du volume du soleil à celui de la terre. Rapport des masses.

Taches du soleil. — Rotation du soleil sur lui-même.

Du jour et de la nuit en un lieu déterminé de la terre, et de leur durée à différentes époques de l'année. — Crépuscules.

Saisons. — Inégalité de la durée des différentes saisons.

Idée de la précession des équinoxes.

Mouvement réel de la terre autour du soleil.

14—16. De la lune. — Diamètre apparent. — Phases. — Syzygies. — Quadratures. — Lumière cendrée.

Révolution sidérale et synodique. — Orbite décrite par la lune autour de la terre.

Parallaxe de la lune. — Sa distance à la terre. — Diamètre réel et volume de la lune. Sa masse.

Taches. — Rotation.

Montagnes de la lune. — Constitution volcanique de la lune. — Absence d'eau et d'atmosphère.

Éclipses de la lune. — L'éclipse peut être partielle ou totale. — Ombre et pénombre.

Éclipses de soleil. — Éclipses partielles, annulaires, totales.

17—20. Des planètes. — Noms des principales. — Leurs distances au soleil. — Lois de Képler. — Énoncé du principe de la gravitation universelle.

Planètes inférieures. — Mercure. — Vénus. — Leurs digressions orientale et occidentale. — Phases de Vénus.

Jupiter. — Rotation. — Satellites. — Vitesse de la lumière.

Saturne. — Rotation. — Anneau et satellites.
Grand nombre de très-petites planètes situées entre Mars et Jupiter.
Des comètes. — Petitesse de leur masse. — Nature de leurs orbites. — Comètes périodiques les plus célèbres.
Notions sur le phénomène des marées.

XLVII

Mécanique physique et expérimentale.

1—3. Transformations de mouvement.
Du plan incliné. — Rapport des espaces parcourus dans le sens du plan aux espaces parcourus dans le sens de sa base et de sa hauteur.
Des poulies. — Poulie fixe. — Poulie mobile, dans le cas où les deux brins de la corde sont parallèles. — Poulies mouflées. — Rapport des chemins parcourus par la main de l'homme et par le fardeau.
Du treuil. — Treuil des carriers. — Treuil des puits. — Rapport des chemins parcourus par les chevilles ou par la manivelle au chemin parcouru par le fardeau.
Notions sur les engrenages.
Courroies et cordes sans fin.
De la vis et de son écrou. — Rapport des chemins parcourus par l'extrémité du levier et par l'écrou ou la vis dans le sens de l'axe.
4—6. Révision et complément des notions données dans le cours de seconde sur la composition des forces.
Travail élémentaire d'une force appliquée à un point mobile. — Travail moteur. — Travail résistant.
Travail total d'une force constante, dirigée dans le sens du chemin parcouru, ou qui reste parallèle à elle-même. — Application à la pesanteur. — Unités de travail : Kilogrammètre, cheval-vapeur.
Relation entre la force vive et le travail d'une force constante.
7—10. Des machines à l'état de mouvement uniforme ; énoncé du principe de la transmission du travail dans ce cas.
Application aux machines simples (levier, treuil, poulies, plan incliné) dans l'hypothèse où elles sont sollicitées uniquement par une puissance et une résistance. — Ce qu'on gagne en force, on le perd en vitesse.
Influences des résistances dites *passives*. — Le travail moteur d'une machine est toujours plus grand que le travail résistant utile. — Impossibilité du mouvement perpétuel. — Ce qu'on appelle *rendement* d'une machine : il est toujours inférieur à

l'unité. — Énoncé des lois expérimentales du frottement : 1° à l'instant du départ ; 2° pendant le mouvement.

11—13. Écoulement des liquides. — Expérience et règle de Toricelli. — Contraction des veines. — Formules pour les cas les plus usuels du jaugeage des cours d'eau.

Notions sur l'emploi de l'eau comme moteur, sur les roues hydrauliques et leur rendement.

14—15. Des pompes. — Soupapes. — Pistons. — Pompes élévatoires. — Pompes aspirantes et élévatoires. — Pompes aspirantes et foulantes. — Causes de pertes de travail moteur inhérentes aux pompes.

Description sommaire de la vis d'Archimède.

16. Résultats d'expériences sur la force motrice et le travail utile développés par les moteurs animés.

17—20. Machines à vapeur. — Description sommaire de leurs principaux organes. — Action de la vapeur. — Condensation. — Détente.

Description de la machine à basse pression de Watt.

— Notions sur les machines à haute pression et sur les locomotives.

XLVIII

Physique.

Galvanisme.

1—3. Expériences de Galvani, de Volta. — Disposition de la pile voltaïque. — Diverses modifications de cet appareil. — Effets physiologiques, mécaniques, calorifiques et lumineux. — Effets chimiques. — Galvanoplastie. — Dorure, argenture.

4—9. Expériences d'Œrstedt. — Construction et usages du multiplicateur.

Expériences qui constatent l'action des courants sur les aimants et l'action des courants sur les courants. — Solénoïdes. — Assimilation des aimants aux solénoïdes.

Aimantation par les courants. — Télégraphes.

Distribution du magnétisme terrestre. — Courants thermo-électriques. — Thermo-multiplicateur.

Induction.

10. Induction. — Expériences fondamentales. — Appareil de Pixii ou de Clarke.

Acoustique.

11—14. Production du son. — Le son ne se propage pas dans le vide. — Vitesse de transmission dans l'air.

Intensité du son. — Hauteur du son. — Syrène.

Vibrations des cordes. — Gamme et intervalles musicaux. —
Accord parfait.

Vibrations longitudinales des verges. — Tuyaux sonores. — Pla-
ques. — Structure et fonction de l'oreille.

Optique.

15—20. Propagation de la lumière dans un milieu homogène. —
Ombre. — Pénombre. — Mesure des intensités relatives de
deux lumières.

Réflexion. — Lois de la réflexion. — Des miroirs plans et des
miroirs sphériques concaves et convexes.

Réfraction. — Lois de la réfraction. — Explication des phénomènes principaux produits par la réfraction.

Des lentilles concaves et convexes.

21—26. Action des prismes. — Décomposition et recomposition
de la lumière.

Structure de l'œil. — Vision.

Description des instruments d'optique les plus simples : chambre
claire, chambre noire, loupe, microscope simple, microscope
solaire. — Lunette de Galilée. — Lunette astronomique. —
Télescope de Newton.

27. Actions chimiques produites par la lumière. — Daguerréotype.
— Photographie.

XLIX

Chimie.

1—2. Définition de la chimie. — Cohésion et ses effets. — Cristallisation des corps. — Isomorphisme. — Dimorphisme.

3—5. Affinité et ses modifications. — Équivalents.

Synthèse de l'eau. — Sa composition exacte.

Analyse quantitative de l'air atmosphérique. — Comparaison
des composés oxygénés des corps non métalliques. — Comparaison de leurs composés hydrogénés.

6—9. Potassium. — Sodium. — Leurs composés les plus usuels.
— Potasses. — Soudes. — Sulfate de soude. — Sel marin.
— Nitre. — Poudre.

Barium. — Calcium. — Magnésium. — Aluminium. — Leurs
composés les plus usuels. — Bioxyde de Barium. — Chlorure de chaux. — Sulfate de magnésie.

Calcaires. — Chaux. — Mortiers. — Plâtre. — Sels ammoniacaux.

10—15. Fer. — Zinc. — Étain. — Fontes et aciers. — Laiton et
bronzes. — Faire connaître les oxydes des trois métaux et

les caractères de leurs sels. — Vitriol vert. — Vitriol blanc.
— Liqueur de Libavius.

Cuivre. — Plomb. — Mercure. — Faire connaître leurs oxydes
et les caractères de leurs sels. — Vitriol bleu. — Céruse. —
Calomel. — Sublimé corrosif.

Platine. — Argent. — Or. — Faire connaître les caractères de
leurs chlorures ou sels solubles. — Étudier leurs alliages
usuels. — Essais d'argent et d'or.

16—17. Silice et silicates. — Argiles. — Kaolins. — Poteries. —
Verres.

18. Notions sommaires de métallurgie.

19—20. Notions sur les matières organiques. — Leur analyse. —
Caractères des acides organiques les plus usuels : acide oxalique, acétique, talcique, tartrique, tannique.

21. Alcalis organiques. — Quinine.

22—23. Cellulose. — Bois. — Fécules. — Amidon du blé. —
Farines et gluten.

24—25. Sucres. — Fermentation. — Alcool. — Éther sulfurique.

2—27. Corps gras. — Saponification. — Bougie stéarique. —
Huiles essentielles. — Vernis.

L

Histoire naturelle.

Zoologie.

1—2. Indication générale des caractères qui distinguent les êtres
organisés (animaux et végétaux), des êtres inorganiques (mi-
néraux). — De l'espèce en histoire naturelle.

Caractères qui distinguent les animaux des végétaux. — Expo-
sition générale des divers organes qui constituent un animal.
— Appropriation de ces organes à leurs diverses fonctions.—
Principaux tissus qui les composent.

3—5. *Fonctions de nutrition.* — Digestion. — Organes qui y
concourent. — Aliments.

Circulation. — Organes qui y concourent. — Sang.

Respiration. — Organes qui y concourent (poumons, branchies,
trachées). — Chaleur animale.

6—8. *Fonctions de relation.* — Organes du mouvement. — Composition générale du squelette. — Os. — Muscles.

Système nerveux. — Indication des parties qui le constituent
essentiellement. — Ses fonctions. — Organes des sens.

1. Ce programme est également suivi par les élèves de la classe de philosophie.

9—11. Principes de classification. — Division du règne animal en embranchements. — Division des vertébrés en classes. — Mammifères; leur division en ordres.

Exemples choisis parmi les espèces les plus utiles à l'homme ou les plus remarquables par leurs mœurs, leurs formes.

Montrer la supériorité organique de l'homme sur le reste des êtres organisés.

Botanique.

12—15. Exposition générale des divers organes qui costituent un végétal; leurs diverses fonctions. — Tissus élémentaires qui les composent.

Organes de *nutrition*. — Racines, tiges, feuilles.

Organes de *reproduction*. — Fleur. — Fécondation.

Fruits. — Graine. — Germination.

16—18. Des classifications artificielles du règne végétal : système de Linné. — De la méthode naturelle : familles.

Division des végétaux en dicotylédones, monocotylédones et acotylédones (ou cryptogames).

Principales familles de ces trois classes choisies parmi les plus nombreuses et les plus utiles.

Géologie.

19-20. Constitution générale du globe terrestre. — Nature et origine des roches qui en forment l'écorce.

Chaleur centrale. — Roches ignées ou non stratifiées — Soulèvements.

21—23. Terrains de sédiment anciens ou primaires. — Terrains de sédiment moyens ou secondaires. — Terrains de sédiment supérieurs ou tertiaires et quaternaires. — Principales substances minérales et corps organisés fossiles qu'on rencontre dans ces divers terrains.

24. Phénomènes géologiques actuels propres à faire comprendre les phénomènes anciens. — Sédiments. — Transports. — Torrents, fleuves, glaciers. — Volcans.

Eaux minérales. — Sources thermales. — Puits artésiens.

LI

Enseignement du dessin linéaire.

Ces exercices comprennent :

La représentation par *plan*, *coupe* et *élévation* d'un bâtiment, d'une machine ou d'un instrument de physique (d'après des mesures prises sur les objets eux-mêmes et réduites à une échelle déterminée);

Les *cartes géographiques* ;

Le *nivellement* (profils et courbes de niveaux d'après les opérations exécutées sur le terrain).

LII

Notions élémentaires de philosophie.

1. Des facultés de l'âme.—Sensibilité.—Entendement.—Volonté.
2. Des opérations de l'entendement. — Attention. —Comparaison. — Jugement. — Raisonnement.
3. Des idées en général, de leur origine, de leurs différents caractères, de leurs diverses espèces.
4. Des notions et vérités premières.
5. De la mémoire, de l'association des idées, de l'imagination.
6. Des signes en général et du langage en particulier.
7. Influence des signes sur la formation des idées.
8. Notions de grammaire générale.
9. De la méthode en général. — **De l'analyse et de la synthèse.**
10. De la méthode dans les sciences physiques et naturelles. — Observation. — Expérimentation.
11. De l'analogie. — De l'induction. — **Des hypothèses.**
12. De la méthode dans les sciences exactes. — Axiomes. — Définition. Démonstration.
13. Du syllogisme. — De ses figures. — De ses règles.
14. De la méthode dans les sciences morales. — Autorité du témoignage des hommes. Règles de la critique historique.
15. De la certitude en général ; des différentes sortes de certitude. — Des causes et des remèdes de nos erreurs.
16. De la volonté. — De la science et du sentiment moral.
17. Application des règles de la méthode à la démonstration de la spiritualité de l'âme et de la liberté.
18. Application des règles de la méthode à la démonstration de l'existence et de la providence de Dieu.
19. Application des règles de la méthode à la démonstration de la loi morale et de ses diverses fonctions.
20. De la destinée de l'homme et de l'immortalité de l'âme[1].

---

1. Quoique ces cinq dernières questions ne se trouvent pas comprises dans le plan d'études du 30 août 1852, on a cru devoir les ajouter ici, parce que, le règlement du baccalauréat ès sciences, en date du 7 août 1852, les a introduites dans le programme d'examen.

CLASSE DE PHILOSOPHIE.

LIII

Révision de l'enseignement scientifique.

L'enseignement de l'année de philosophie aura pour objet spécial de fortifier l'instruction des élèves sur les matières scientifiques professées pendant les trois années précédentes et de les préparer aux examens.

Il se composera *exclusivement* de la révision méthodique des cours des trois annés resserrées ou développées selon que le comportera l'état des connaissances effectivement acquises par les élèves.

Le nombre des cours de siences sera établi en raison des besoins. Les élèves des diverses catégories seront autorisés à se spécialiser, et pourront être dispensés de suivre les cours institués en faveur des catégories dont ils ne feront point partie.

Indépendamment de trois leçons consacrées à la logique et aux lettres, les élèves se destinant aux écoles spéciales du gouvernement recevront au moins quatre leçons de mathématiques et deux leçons de siences physiques, chimiques et naturelles, par semaine.

Les élèves seront soumis à des interrogations fréquentes, en dehors des classes, pendant l'année de philosophie, et plus particulièrement pendant l'année de troisième et de rhétorique.

Ils continueront, pendant l'année de philosophie, à être exercés au dessin linéaire et au dessin d'imitation.

CLASSE DE MATHÉMATIQUES SPÉCIALES.

LIV

GÉOMÉTRIE.

RÉVISION.

Révision de la géométrie dans les limites du programme XXXV, p. 54.

COMPLÉMENT.

Angles polyèdres.

Chacun des angles plans qui composent un angle trièdre est moindre que la somme des deux autres.

La somme des angles plans qui forment un angle polyèdre convexe est toujours moindre que quatre angles droits.

Si deux angles trièdres sont formés des mêmes angles plans, les angles dièdres compris entre les angles plans égaux sont égaux.

Figures symétriques.

Plan de symétrie. — Centre de symétrie. — Dans deux polyèdres symétriques, les faces homologues sont égales chacune à chacune, et l'inclinaison de deux faces adjacentes, dans un de ces solides, est égale à l'inclinaison des faces homologues dans l'autre.

Deux polyèdres symétriques sont équivalents.

Des figures tracées sur la sphère.

Dans tout triangle sphérique, un côté quelconque est plus petit que la somme des deux autres.

Le plus court chemin d'un point à un autre sur la surface de la sphère est un arc de grand cercle.

Mesure de l'angle de deux arcs de grand cercle.

Propriété du triangle polaire ou supplémentaire.

Deux triangles sphériques, situés sur la même sphère ou sur des sphères égales, sont égaux dans toutes leurs parties : 1° lorsqu'ils ont un angle égal compris entre deux côtés égaux chacun à chacun ; 2° lorsqu'ils ont un côté égal adjacent à deux angles égaux chacun à chacun ; 3° lorsqu'ils sont équilatéraux entre eux ; 4° lorsqu'ils sont équilatéraux entre eux. — Dans ces différents cas les triangles sont égaux ou symétriques.

La somme des angles de tout triangle sphérique est plus grande que deux droits et moindre que six droits.

Deux triangles sphériques symétriques sont équivalents.

L'aire d'un triangle sphérique est à celle de la sphère entière comme l'excès de la somme de ces angles sur deux angles droits est à huit angles droits. — Ce qu'on appelle excès sphérique.

A chaque propriété des triangles ou polygones sphériques correspond une propriété analogue des angles trièdres ou polyèdres.

ALGÈBRE.

RÉVISION.

Révision des éléments d'algèbre compris dans les dix-sept premières leçons du programme XXXII, p. 50.

COMPLÉMENT.

Complément des éléments d'algèbre.

Notions sur les nombres incommensurables.
Division des polynômes.
Résolution des équations générales du premier degré à plusieurs inconnues. On développera les calculs relatifs au cas de deux équations et à celui de trois équations. On fera connaître la règle générale pour former le dénominateur commun et pour en déduire les numérateurs. — Discussion complète des formules générales propres au cas de deux équations.
Lorsque dans l'équation $ax^2 + bx + c = 0$, a tend vers zéro, l'une des racines croît indéfiniment. — Calcul numérique des deux racines quand a est très-petit.
Équations réductibles au second degré.
Calculs des valeurs *arithmétiques* des radicaux.
Exposants fractionnaires. — Exposants incommensurables. — Exposants négatifs.

Des progressions et des séries en général.

Progressions arithmétiques et géométriques. — Sommation des termes.
Ce qu'on appelle série. — Convergence et divergence. — Les

termes d'une série peuvent décroître indéfiniment sans que la série soit convergente.

Une progression géométrique est convergente si la raison est plus petite que l'unité; divergente, si la raison est plus grande que l'unité.

Une série est convergente lorsque, à partir d'un certain terme, la valeur absolue du rapport d'un terme au précédent est constamment inférieure à un nombre déterminé plus petit que l'unité.

Lorsque les termes d'une série décroissent indéfiniment, et sont alternativement positifs et négatifs, la série est convergente.

Formule du binôme et ses applications.

Arrangements, permutations et combinaisons.

Développement des puissances entières et positives d'un binôme. — Terme général.

Développement de $(a + b \sqrt{-1})^m$.

Limite vers laquelle tend $\left(1 + \dfrac{1}{m}\right)^m$ quand m croît au delà de toute limite.

Sommation des piles de boulets.

Des logarithmes et de leurs usages.

En formant toutes les puissances d'un nombre quelconque positif, plus grand ou plus petit que 1, on peut reproduire tous les nombres.

Propriétés générales des logarithmes.

Lorsque des nombres sont en progression géométrique, leurs logarithmes sont en progression arithmétique.

Comment on passe d'un système de logarithmes à un autre système. — Logarithmes népériens. — Logarithmes vulgaires. — Ce qu'on appelle module d'un système de logarithmes.

Usage des logarithmes vulgaires. — Caractéristiques. — Caractéristiques négatives.

Un nombre étant donné, trouver son logarithme par le moyen des tables de Callet. Un logarithme étant donné, trouver le nombre auquel il appartient. — Usage des parties proportionnelles.

Usage de la règle à calcul.

Résolution des équations exponentielles au moyen des logarithmes.

Intérêts composés. — Annuités.

Des fonctions dérivées.

Développement d'une fonction entière $f(x)$ suivant les puissances croissantes de h, quand on remplace x par $x + h$. — Dérivée d'une fonction entière.

La dérivée d'une fonction quelconque est la limite vers laquelle tend le rapport de l'accroissement de la fonction à l'accroissement de la variable, lorsque celui-ci tend vers zéro.

Dérivée d'une fonction de fonction.

Règles pour trouver la dérivée d'une somme, d'un produit, d'une puissance, d'un quotient de fonctions dont les dérivées sont connues.

Dérivées des fonctions circulaires directes et inverses.

Dérivées de la fonction exponentielle et de la fonction logarithmique.

Une fonction est croissante ou décroissante, suivant que sa dérivée est positive ou négative.

Deux fonctions qui ont des dérivées égales ne peuvent différer que par une constante. — Revenir de la dérivée à la fonction primitive, dans le cas où cette opération peut se faire *immédiatement*.

Application de la théorie des dérivées au développement des fonctions $l(1+x)$ et arc tang x en séries convergentes ordonnées suivant les puissances croissantes de x, lorsque cette variable reste comprise entre -1 et $+1$.

Calcul des logarithmes au moyen de la série qui donne le logarithme de $n+1$, quand on connaît celui de n. — Calcul des logarithmes népériens. Valeur du module des logarithmes vulgaires. — Calcul des logarithmes vulgaires.

Calcul du rapport de la circonférence au diamètre d'après la série arc tang x [1].

Théorie des équations.

Comment varie une fonction entière $f(x)$ quand x varie d'une manière continue entre $-\infty$ et $+\infty$.

Lorsque deux nombres a et b, substitués dans une fonction entière $f(x)$, donnent des résultats de signes contraires, l'équation $f(x) = 0$ a au moins une racine réelle comprise entre a et b. Toute fonction $f(x)$ qui reste continue pour toutes les valeurs de x comprises entre a et b jouit de cette propriété.

Une équation algébrique de degré impair a au moins une racine réelle. — Une équation algébrique de degré pair, dont le dernier terme est négatif, a au moins deux racines réelles.

Toute équation algébrique $f(x) = 0$, à coefficients réels ou imaginaires de la forme $a + b\sqrt{-1}$, a une racine réelle ou imaginaire de la même forme. (On admettra ce théorème sans démonstration.)

---

[1]. Partir, par exemple, de l'une des formules $\frac{\pi}{4} =$ arc tang $\frac{1}{2} +$ arc tang $\frac{1}{3}$; $\frac{\pi}{4} = 2$ arc tang $\frac{1}{3} +$ arc tang $\frac{1}{7}$; $\frac{\pi}{4} =$ arc tang $\frac{1}{5} -$ arc tang $\frac{1}{239}$; auxquelles conduit aisément le procédé de Machin, rapporté par M. Lacroix dans l'introduction du *Traité des calculs différentiel et intégral.*

Pour exercer les élèves aux calculs des séries, on leur fera déterminer les logarithmes vulgaires des nombres, depuis 1 jusqu'à 10, depuis 101 jusqu'à 110 et depuis 10001 jusqu'à 10010. On devra aussi leur faire exécuter le calcul du nombre π.

Si a est racine d'une équation algébrique, le premier membre est divisible par $x-a$. Une équation algébrique du degré m a toujours m racines réelles ou imaginaires, et elle ne peut en avoir davantage. — Décomposition du premier membre en facteurs du premier degré. — Relations entre les coefficients d'une équation algébrique et les racines.

Lorsqu'une équation algébrique, dont les coefficients sont réels, a une racine imaginaire $a+b\sqrt{-1}$, elle a aussi pour racine l'expression conjuguée $a-b\sqrt{-1}$.

Dans une équation algébrique, complète ou incomplète, le nombre des racines positives ne peut surpasser le nombre des variations; conséquence relative au nombre des racines négatives.

Recherche du produit des facteurs du premier degré communs à deux fonctions entières de x. — Recherche des racines communes à deux équations dont les premiers membres sont des fonctions entières de l'inconnue.

Comment on reconnaît qu'une équation algébrique a des racines égales, et comment alors on ramène sa résolution à celle d'autres équations de degré moindre dont les racines sont inégales.

Recherche des racines commensurables d'une équation algébrique à coefficients commensurables.

Des différences.

Différences des divers ordres

Étant donné $m+1$ nombres $u_0, u_1, u_2, \ldots u_m$, trouver : 1° l'expression du terme général u_n en fonction du premier terme u_0 et de ses différences successives; 2° l'expression de $\Delta^n u_0$ en fonction des nombres proposés.

La différence de l'ordre m d'une fonction entière du degré m est constante, si la différence de la variable est elle-même constante.

Connaissant les résultats de la substitution de m nombres entiers consécutifs dans une fonction entière du degré m, on obtient facilement, au moyen des différences, les résultats de la substitution de tous les autres nombres entiers positifs ou négatifs. — Application au cas d'une fonction entière du troisième degré dont on connaît les valeurs correspondantes aux valeurs $-1, 0, +1$, de la variable.

Formules d'interpolation.— Application de la méthode d'interpolation de Newton à la représentation exacte d'une fonction entière $f(x)$ du degré m dont on connaît les valeurs $u_0, u_1, u_2, \ldots u_m$ correspondantes aux valeurs de $x, x_0, x_0+h, x_0+2h, \ldots x_0+mh$. — Si la différence h et les quantités $u_0, \Delta u_0, \Delta^2 u_0, \ldots \Delta^m u_0$ sont positives, $x_0+(m-1)h$ est une limite supérieure des racines positives de l'équation $f(x)=0$.

Application de la théorie des différences à la résolution numérique des équations.

Séparation des racines d'une équation algébrique par la substitution de différents nombres à l'inconnue. — Étude spéciale des cas d'une équation du troisième degré. Substitution de nombres entiers par le moyen des différences. Substitution de nombres entiers équidistants d'*un dixième* entre deux nombres entiers consécutifs ; de nombres équidistants d'*un centième* entre deux nombres consécutifs de dixièmes, etc., soit pour séparer les racines, soit pour en approcher. Ces dernières substitutions s'effectuent au moyen de nouvelles différences, déduites des premières. — Usage des constructions graphiques dans l'application de la méthode précédente.

Recherche des racines d'une équation transcendante. Lorsqu'on a substitué des nombres équidistants et assez voisins pour que les différences des résultats puissent être considérées comme égales entre elles à partir d'un certain ordre, on continue l'opération comme s'il s'agissait d'une équation algébrique.

Ayant obtenu, avec un certain degré d'approximation, une racine d'une équation algébrique ou transcendante, en approcher davantage par la méthode de Newton[1]. — Usage des constructions graphiques pour l'application de cette méthode.

Décomposition des fractions rationnelles en fractions simples.

Toute fraction rationnelle $\dfrac{F(x)}{f(x)}$ est décomposable en une partie entière et en diverses fractions simples. — La décomposition ne peut se faire que d'une seule manière. — Moyens de l'effectuer quand on connaît les facteurs binômes qui divisent le dénominateur $f(x)$.

TRIGONOMÉTRIE.

RÉVISION.

Révision des matières comprises au programme XL, p. 58.

COMPLÉMENT.

Complément de trigonométrie rectiligne.

Valeurs des sinus et cosinus des arcs $\dfrac{\pi}{3}$, $\dfrac{\pi}{6}$,... ; $\dfrac{\pi}{5}$, $\dfrac{x}{10}$,.... Le côté du décagone régulier inscrit dans la circonférence est égal à la plus grande partie du rayon *divisé en moyenne et en extrême raison*. — Construction géométrique. — Inscription du polygone régulier de 15 côtés.

Calculer tang $\frac{1}{2}$ a quand tang a est donnée.

---

1. Les élèves exécuteront le calcul d'une racine incommensurable d'une équation numérique du troisième degré ou d'une équation transcendante.

Équation du troisième degré que l'on obtient en cherchant sin $\frac{1}{3}$ a quand sin a est donné, ou cos $\frac{1}{3}$ a quand cos a est donné, ou tang $\frac{1}{3}$ a quand tang a est donnée. Examen des racines de cette équation.

Résolution des équations numériques du deuxième et du troisième degré, par le moyen des tables trigonométriques.

Trigonométrie sphérique.

Formules générales.

Relations fondamentales entre les côtés et les angles d'un triangle sphérique.

$$\cos a = \cos b \cos c + \sin b \sin c \cos A, \; etc.$$

On en déduit, par la voie de l'élimination,

$$\sin A : \sin B = \sin a : \sin b ; \; \cot a \sin b - \cot A \sin C = \cos b \cos C,$$

et, par la considération du triangle supplémentaire,

$$\cos A = -\cos B \cos C + \sin B \sin C \cos a.$$

Formules relatives aux triangles rectangles.

$$\cos a = \cos b \cos c ; \; \sin b = \sin a \sin B ; \; \tan c = \tan a \cos B ;$$
$$\tan b = \sin c \tan B.$$

Dans un triangle rectangle, les trois côtés sont moindres que 90°, ou bien deux des côtés sont plus grands que 90°, et le troisième est moindre. Un angle et le côté opposé sont tous deux moindres que 90°, ou tous deux plus grands.

Résolution des triangles.

Cas des triangles rectangles.

Cas des triangles obliquangles. — 1° On donne les trois côtés a, b, c, ou les trois angles A, B, C. Formules calculables par logarithmes, donnant les valeurs de tang $\frac{1}{2}$ a et tang $\frac{1}{2}$ A. — 2° On donne deux côtés et l'angle compris, ou deux angles et le côté compris. Formules de Delambre et de Népert.—3° On donne deux côtés et un angle opposé à l'un d'eux, ou deux angles et un côté opposé à l'un d'eux. Usage d'un angle auxiliaire pour rendre les formules calculables par logarithmes.

Application.

Connaissant les latitudes et les longitudes de deux points du globe, trouver la distance de ces points.

Application de la géométrie et de la trigonométrie au levé des plans.

Révision.

Enseignement ou révision des matières comprises au programme XXXVII, p. 56.

Complément.

Mesure des bases au moyen des règles [1].

Mesure des angles. — Description et emploi du cercle. — Usage de la lunette pour rendre la ligne de visée plus précise. — Division du cercle. — Verniers [2].

Mesure et calcul d'un réseau de triangles. — Réduction des angles aux centres des stations [3].

Réduction à l'horizon d'une base mesurée avec la chaîne sur un terrain incliné. — Réduction des angles à l'horizon, dans le cas où cette réduction n'est pas faite par l'instrument lui-même.

Usages de la planchette et de la boussole pour le levé des détails [4].

GÉOMÉTRIE ANALYTIQUE.

Géométrie à deux dimensions.

Des équations et des formules de la géométrie.

Loi de l'homogénéité. — Construction des expressions algébriques.

Des coordonnées rectilignes.

Détermination d'un point sur un plan par le moyen de ses coordonnées rectilignes.

Représentation des lieux géométriques par des équations.

Transformation des coordonnées rectilignes.

Des équations du premier et du deuxième degré à deux variables.

Construction des équations du premier degré. — Problèmes sur la ligne droite. — Équation du cercle.

---

1. On enseignera aux élèves à mesurer une base avec précision, au moyen des règles.

2. Le *graphomètre* suffit quand on ne peut recourir, pour comparer les résultats, qu'à des procédés graphiques; mais, dès qu'on veut appliquer à cet objet les méthodes rigoureuses que fournit la trigonométrie, il est nécessaire de donner à la mesure des angles toute la précision possible.

3. On insistera sur la marche à suivre dans le calcul, et l'on en donnera un exemple aux élèves.

4. Tous les instruments mentionnés dans la partie du programme relative au levé des plans devront être mis entre les mains des élèves.

Construction des équations du second degré. — Division en trois genres des courbes qu'elles représentent.

Du centre, des diamètres et des axes dans les courbes du second degré.

Réduction de l'équation du second degré à la forme la plus simple, par le changement des coordonnées [1].

Des tangentes et des asymptotes.

Le coefficient d'inclinaison, sur l'axe des abscisses, de la tangente à une courbe, est égal à la dérivée de l'ordonnée par rapport à l'abscisse.

Recherche des asymptotes des courbes. — Application aux courbes du second degré.

De l'ellipse.

Équation de l'ellipse rapportée à son centre et à ses axes. — Les carrés des ordonnées perpendiculaires à l'un des axes sont entre eux comme les produits des segments correspondants formés sur cet axe.

Les ordonnées perpendiculaires au grand axe sont aux ordonnées correspondantes du cercle décrit sur cet axe, comme diamètre, dans le rapport constant du petit axe au grand. — Construction de la courbe par points, au moyen de cette propriété.

Foyers, excentricité de l'ellipse. — La somme des rayons vecteurs menés à un point quelconque de l'ellipse est constante et égale au grand axe. — Description de l'ellipse au moyen de cette propriété.

Directrices. — Les distances de chaque point de l'ellipse à l'un des foyers et à la directrice voisine de ce foyer sont entre elles comme la distance des foyers est au grand axe.

Équations de la tangente et de la normale en un point de l'ellipse. — Le point où la tangente rencontre un des axes prolongés est indépendant de la grandeur de l'autre axe. — Construction de la tangente en un point de l'ellipse, au moyen de cette propriété.

Les rayons vecteurs, menés des foyers à un point de l'ellipse, font avec la tangente en ce point, et d'un même côté de cette ligne, des angles égaux. — La normale divise en deux parties égales l'angle des rayons vecteurs. Cette propriété peut servir à mener une tangente à l'ellipse par un point pris sur la courbe ou par un point extérieur.

Diamètres. — Les cordes qu'un diamètre divise en parties égales sont parallèles à la tangente menée par l'extrémité de ce diamètre. — Cordes supplémentaires. On peut, au moyen des cordes supplé-

---

1. Les élèves appliqueront ces réductions à une équation numérique du second degré et détermineront la situation des nouveaux axes par rapport aux anciens, au moyen des tables trigonométriques.

mentaires, mener une tangente à l'ellipse par un point donné sur la courbe ou parallèlement à une droite donnée.

Diamètres conjugués. — Deux diamètres conjugués sont toujours parallèles à deux cordes supplémentaires, et réciproquement. — Limite de l'angle de deux diamètres conjugués. — Il y a toujours dans une ellipse deux diamètres conjugués égaux entre eux.— La somme des carrés de deux diamètres conjugués est constante. — L'aire du parallélogramme construit sur deux diamètres conjugués est constante. — Construire une ellipse, connaissant deux diamètres conjugués et l'angle qu'ils font entre eux.

Expression de l'aire de l'ellipse en fonction des longueurs de ses axes.

De l'hyperbole.

Équation de l'hyperbole rapportée à son centre et à ses axes. — Rapport des carrés des ordonnées perpendiculaires à l'axe transverse.

Foyers et directrices; tangente et normale; diamètres; diamètres conjugués et cordes supplémentaires. Ce qu'on nomme longueur d'un diamètre qui ne rencontre pas l'hyperbole. — Les propriétés de ces points et de ces lignes sont analogues dans l'hyperbole et dans l'ellipse.

Asymptotes de l'hyperbole. — Les asymptotes coïncident avec les diagonales du parallélogramme formé sur deux diamètres conjugués quelconques. — Les portions d'une sécante ou d'une tangente comprises entre l'hyperbole et ses asymptotes sont égales entres elles. — Application à la construction de la tangente.

Le rectangle des parties d'une sécante comprises entre un point de la courbe et les asymptotes est égal au carré de la moitié du diamètre auquel la sécante est parallèle.

Forme de l'équation de l'hyperbole rapportée à ses asymptotes.

De la parabole.

Équation de la parabole rapportée à son axe et à la tangente au sommet. — Rapport des carrés des ordonnées perpendiculaires à l'axe.

Foyer et directrice de la parabole. — Chacun des points de la courbe est également éloigné du foyer et de la directrice. — Construction de la parabole.

La parabole peut être considérée comme la limite d'une ellipse dans laquelle le grand axe augmente indéfiniment, tandis que la distance du foyer au sommet voisin reste constante.

Tangente et normale. — Sous-tangente et sous-normale. Elles fournissent des moyens de mener la tangente en un point de la courbe.

La tangente fait des angles égaux avec l'axe et avec le rayon vecteur mené au point de contact. — Mener, au moyen de cette propriété, une tangente à la parabole : 1° par un point situé sur la courbe ; 2° par un point extérieur.

Diamètres. — Les cordes qu'un diamètre divise en deux parties égales sont parallèles à la tangente menée à l'extrémité de ce diamètre.

Expression de l'aire d'un segment parabolique.

Des coordonnées polaires.

Passer d'un système de coordonnées rectangulaires à un système de coordonnées polaires, et réciproquement.

Équations des trois courbes du second degré en coordonnées polaires, le pôle étant situé à un foyer et les angles étant comptés à partir de l'axe qui passe par ce foyer.

Des lignes courbes en général.

Discussion de quelques courbes algébriques et transcendantes.— Détermination de la tangente en un de leurs points. — Asymptotes des branches infinies [1].

Construction des racines réelles des équations de forme quelconque à une inconnue.

Intersection de deux courbes du second degré.

Du nombre de conditions nécessaires pour la détermination d'une courbe du second degré.

Calculer les coordonnées des points communs à deux courbes du second degré. — Étant données les équations de deux courbes du second degré, trouver l'équation générale des courbes du second degré qui passent par les quatre points d'intersection des deux premières. Disposer de l'indéterminée que renferme cette équation, de manière qu'elle puisse se décomposer en deux facteurs du premier degré.

Des sections coniques et cylindriques.

Étude des sections planes du cône et du cylindre droit à base circulaire. — Section antiparallèle du cône et du cylindre oblique à base circulaire.

Géométrie à trois dimensions.

Théorie des projections.

La somme des projections de plusieurs droites consécutives sur un axe est égale à la projection de la ligne résultante. — La somme des carrés des projections d'une droite sur trois axes rectangulaires est égale au carré de cette droite. — La somme des carrés des co-

---

1. On consacrera trois ou quatre leçons à la recherche de quelques lieux géométriques.

sinus des angles qu'une droite fait avec trois droites rectangulaires est égale à l'unité.

La projection d'une aire plane sur un plan est égale au produit de cette aire par le cosinus de l'angle des deux plans.

Des coordonnées rectilignes.

Représentation d'un point par ses coordonnées. — Équation des lignes et des surfaces.

Transformation des coordonnées rectilignes.

De la ligne droite et du plan.

Équations de la ligne droite. — Équation du plan. — Toute équation du premier degré à trois variables représente un plan.

Trouver les équations d'une droite, 1° qui passe par deux points donnés ; 2° qui passe par un point donné et qui soit parallèle à une ligne donnée.

Déterminer le point d'intersection de deux droites dont on connaît les équations.

Faire passer un plan, 1° par trois points donnés ; 2° par un point donné, parallèlement à un plan donné ; 3° par un point et par une droite donnés.

Connaissant les équations de deux plans, trouver les projections de leur intersection.

Mener, par un point donné, une perpendiculaire à une droite donnée ; déterminer le pied et la grandeur de cette perpendiculaire (coordonnées rectangulaires).

Connaissant les équations d'une droite, déterminer les angles de cette droite avec les axes des coordonnées (coordonnées rectangulaires).

Trouver l'intersection d'une droite et d'un plan dont on connaît les équations.

Connaissant les coordonnées de deux points, trouver leur distance.

D'un point donné abaisser une perpendiculaire sur un plan ; trouver le pied et la grandeur de la perpendiculaire (coordonnées rectangulaires).

Mener, par un point donné, un plan perpendiculaire à une droite donnée (coordonnées rectangulaires).

Trouver l'angle de deux droites dont on connaît les équations (coordonnées rectangulaires).

Connaissant l'équation d'un plan, trouver les angles qu'il fait avec les plans coordonnés (coordonnées rectangulaires).

Déterminer l'angle de deux plans (coordonnées rectangulaires).

Trouver l'angle d'une droite et d'un plan (coordonnées rectangulaires).

Surfaces du second degré.

Elles se divisent en deux classes : les unes ont un centre, les autres n'en ont pas. Coordonnées du centre.

Des plans diamétraux.

Simplification de l'équation générale du second degré par la transformation des coordonnées.

Équations les plus simples de l'ellipsoïde, des hyperboloïdes à une et à deux nappes, des paraboloïdes elliptique et hyperbolique, des cônes et des cylindres du second degré.

Nature des sections planes des surfaces du second degré.

Cône asymptote d'un hyperboloïde.

Sections rectilignes de l'hyperboloïde à une nappe. — On peut, sur la surface de l'hyperboloïde à une nappe, tracer deux droites par chacun de ses points ; d'où résultent deux systèmes de génératrices rectilignes de l'hyperboloïde. — Deux droites prises dans un même système ne se rencontrent pas, et deux droites de systèmes différents se rencontrent toujours. — Toutes les droites situées sur l'hyperboloïde étant transportées au centre, parallèlement à elles-mêmes, s'appliquent exactement sur le cône asymptote. — Trois droites d'un même système ne sont jamais parallèles à un même plan. — L'hyperboloïde à une nappe peut être engendré par une droite qui se meut en s'appuyant sur trois droites fixes, non parallèles à un même plan ; et, réciproquement, lorsqu'une ligne droite glisse sur trois droites fixes, non parallèles à un même plan, elle engendre un hyperboloïde à une nappe.

Sections rectilignes du paraboloïde hyperbolique.— On peut, sur la surface du paraboloïde hyperbolique, tracer deux droites par chacun de ses points ; d'où résulte la génération du paraboloïde par deux systèmes de droites. — Deux droites d'un même système ne se rencontrent pas, mais deux droites de systèmes différents se rencontrent toujours. —Toutes les droites d'un même système sont parallèles à un même plan. —Le paraboloïde hyperbolique peut être engendré par le mouvement d'une droite qui glisse sur deux droites fixes, parallèles à un même plan ; ou bien par une droite qui glisse sur deux droites fixes, en restant toujours parallèle à un plan donné. Réciproquement, toute surface résultant de l'un de ces deux modes de génération est un paraboloïde hyperbolique.

Discussion d'une équation numérique du second degré à trois variables.

Des surfaces coniques et cylindriques.

Trouver l'équation générale des surfaces coniques et des surfaces cylindriques.

GÉOMÉTRIE DESCRIPTIVE.

Problèmes relatifs au point, à la droite et au plan.

Par un point donné dans l'espace, mener une droite parallèle à une droite donnée, et trouver la grandeur d'une partie de cette droite.

Par un point donné, mener un plan parallèle à un plan donné.

Construire le plan qui passe par trois points donnés dans l'espace.

Deux plans étant donnés, trouver les projections de leur intersection.

Une droite et un plan étant donnés, trouver les projections du point où la droite rencontre le plan.

Par un point donné, mener une perpendiculaire à un plan donné, et construire les projections du point de rencontre de la droite et du plan.

Par un point donné, mener une droite perpendiculaire à une droite donnée, et construire les projections du point de rencontre des deux droites.

Changement des plans de projection.

Un plan étant donné, trouver les angles qu'il forme avec les plans de projection.

Deux plans étant donnés, construire l'angle qu'ils forment entre eux.

Deux droites qui se coupent étant données, construire l'angle qu'elles font entre elles.

Construire l'angle formé par une droite et par un plan donnés de position dans l'espace.

Problèmes relatifs aux plans tangents.

Mener un plan tangent à une surface cylindrique ou à une surface conique, 1° par un point pris sur la surface ; 2° par un point pris hors de la surface ; 3° parallèlement à une droite donnée.

Par un point pris sur une surface de révolution, dont on connaît le méridien, mener un plan tangent à cette surface.

Problèmes relatifs aux intersections de surfaces.

Construire la section faite, sur la surface d'un cylindre droit et vertical, par un plan perpendiculaire à l'un des plans de projection. — Mener la tangente à la courbe d'intersection. — Faire le développement de la surface cylindrique, et y rapporter la courbe d'intersection, ainsi que la tangente.

Construire l'intersection d'un cône droit par un plan perpendiculaire à l'un des plans de projection. — Développement et tangente.

Construire la section droite d'un cylindre oblique. (Pour simplifier les constructions on emploiera la méthode du changement des plans de projection.) — Mener la tangente à la courbe d'intersection. — Faire le développement de la surface cylindrique, et y rapporter la courbe qui servait de base, ainsi que ses tangentes.

Construire l'intersection d'une surface de révolution par un plan, et les tangentes à la courbe d'intersection. — Résoudre cette question, lorsque la ligne génératrice est une droite (qui ne rencontre pas l'axe.

Construire l'intersection de deux surfaces cylindriques et les tangentes à cette courbe.

Construire l'intersection de deux cônes obliques et les tangentes à cette courbe.

Construire l'intersection de deux surfaces de révolution dont les axes se rencontrent.

MÉCANIQUE.

Du mouvement d'un point considéré géométriquement.

Mouvement uniforme. Vitesse. — Mouvement varié. Vitesse à un instant donné. Comment elle se détermine par le calcul ou par le tracé d'une tangente à une courbe [1], quand l'espace est une fonction donnée du temps.

Mouvement uniformément varié. — La vitesse s'accroît de quantités proportionnelles aux temps écoulés.—L'expérience sur la chute des corps dans le vide en fournit un exemple. — Valeur de l'accélération g, dans ce cas. — De l'accélération dans le mouvement rectiligne varié en général, quand la vitesse est donnée, en fonction du temps, par une équation ou par une courbe.

Projection sur un axe d'un point mobile dans l'espace. La vitesse de la projection du point est égale à la projection de sa vitesse dans l'espace.

Composition et décomposition des vitesses déduites de la considération des mouvements relatifs. Ce qu'on entend par accélération totale et par accélération tangentielle dans le mouvement curviligne d'un point. Composition et décomposition des accélérations.

De l'effet des forces appliquées à un point matériel libre.

Loi de l'inertie relative au point matériel. — Effets divers des forces. — Conditions de l'égalité de deux forces, d'après les effets qu'elles produisent sur un même corps ou système matériel. —Comparaison des forces aux poids, à l'aide du dynamomètre. — Le kilogramme peut être pris pour une unité de force [2].

On admet comme principe expérimental que l'effet d'une force sur un point matériel est indépendant du mouvement antérieurement acquis par ce point; c'est-à-dire, que le mouvement du point s'obtient par la composition du mouvement rectiligne dû à sa vitesse

---

1. Il arrive souvent que la relation entre les espaces et les temps n'est définie que par des données expérimentales, au moyen d'une table ou du tracé mécanique d'une courbe. On ramène le premier cas au second, en traçant une courbe qui représente la marche des nombres de la table. et on détermine la dérivée, qui fait connaître la vitesse, par le tracé de la tangente à la courbe.

2. Un même corps pesant ne produit pas, en tous les points du globe, le même effet sur un dynamomètre; mais la différence est très-faible, et peut être négligée dans les applications de la mécanique.

acquise et du mouvement que la force lui communiquerait s'il partait du repos. — Démontrer qu'il résulte de ce principe qu'une force constante, agissant sur un point matériel partant du repos, lui imprime un mouvement uniformément accéléré. — Cas où le point matériel possède une vitesse initiale dans le sens de la force ou dans le sens contraire. — Réciproquement, si un point matériel est animé d'un mouvement rectiligne uniformément varié, il est soumis à une force constante. — Exemples relatifs à la pesanteur. — Le mouvement parabolique des projectiles est une autre conséquence du principe énoncé ci-dessus.

Indépendance mutuelle des effets simultanés de plusieurs forces agissant sur un point matériel isolé. — Deux forces constantes, appliquées successivement à un même point matériel partant du repos ou animé d'une vitesse initiale de même direction que la force, sont entre elles comme les accélérations qu'elles produisent. — Conséquence relative au cas où l'une des forces est le poids même du mobile.

Définition de la masse. — Relation entre les forces, les masses et les accélérations. — De la force d'inertie. Son expression et ses effets. Sa mesure en kilogrammes pour diverses accélérations. — Introduction de la masse dans les équations du mouvement rectiligne ou curviligne d'un point soumis à l'action de la pesanteur ou d'une force constante quelconque. — Notions qui en dérivent relativement au travail et à la force vive.

Composition et décomposition des forces appliquées à un même point matériel libre, déduites du principe de l'indépendance des effets simultanés des forces. — Condition de l'équilibre des forces appliquées à un même point. Elle est indépendante de l'état de repos ou de mouvement de ce point.

Du travail des forces appliquées à un point mobile.

Travail élémentaire d'une force appliquée à un point mobile. — Deux manières de l'évaluer, suivant qu'on projette la force sur la direction de l'élément du chemin décrit, ou l'élément de chemin sur la direction de la force. — Travail élémentaire moteur; travail élémentaire résistant. — Le travail élémentaire d'une force normale à l'élément du chemin décrit est nul.

Travail total d'une force constante dirigée dans le sens du chemin parcouru, ou qui reste parallèle à elle-même. Travail de la pesanteur dans le mouvement d'un point matériel sur une courbe quelconque.

Travail total d'une force variable dirigée, ou non, dans le sens du chemin décrit par son point d'application : il s'obtient par une quadrature ou à l'aide d'un tracé approximatif. — Ce qu'on entend par effort moyen.

Unité de travail, kilogrammètre.

Le travail élémentaire de la résultante de deux ou d'un plus grand nombre de forces est égal à la somme algébrique des travaux élémentaires des composantes. — Extension de ce théorème au travail continu des forces.

Théorème des moments. Ce théorème a lieu pour les projections sur un plan quelconque de forces concourantes dans l'espace. Ce qu'on nomme moment d'une force par rapport à un axe.

Quand trois forces se font constamment équilibre, la somme algébrique de leurs travaux est nulle. — Extension de ce théorème à l'équilibre d'un nombre quelconque de forces appliquées à un point. — Théorème relatif aux moments de ces forces par rapport à un axe quelconque dans l'espace.

Des forces appliquées à un corps solide.

Notions relatives à la solidité des corps. — Hypothèse de l'invariabilité des distances mutuelles des éléments de ces corps. — Cas où cette hypothèse peut être admise.

On admet qu'on peut, sans changer l'état de repos ou de mouvement d'un corps, transporter le point d'application d'une force en un point quelconque de sa direction, pourvu que le second point soit supposé lié invariablement au premier. — Vérification de ce principe au moyen du dynamomètre appliqué aux extrémités d'une corde ou d'une verge soutenant verticalement un poids. — Le travail de la force ainsi transportée est aussi le même pour tout déplacement élémentaire de la droite d'application.

Composition et équilibre des forces concourantes appliquées à un corps solide. — Cas où les forces sont parallèles. — Cas d'un couple.

Le moment de la résultante d'un système de forces parallèles par rapport à un plan quelconque est égal à la somme des moments des composantes.

Centre des forces parallèles. — Centre de gravité : sa recherche se réduit à une question de géométrie quand le corps est homogène. — Cas où le corps a un plan de symétrie, un axe ou un centre de figure. — Notion du centre de gravité d'une ligne et d'une surface considérées comme composées d'éléments dont le poids est proportionnel à leur étendue.

Centre de gravité d'un triangle : il est le même que celui du système de trois sphères homogènes égales qui auraient leurs centres aux trois sommets. — Centre de gravité d'un polygone. Cas particuliers du trapèze et du quadrilatère quelconque.

Centre de gravité du tétraèdre ; il est le même que celui du système de quatre sphères homogènes égales qui auraient leurs centres aux quatre sommets, et se trouve au point d'intersection des droites qui joignent les milieux des arêtes respectivement opposées. — Centre de gravité de la pyramide, du cône.

La notion du centre de gravité ne suppose pas nécessairement la solidité des corps ; elle s'applique à un système quelconque de points matériels.

Le travail de la pesanteur sur un corps ou sur un système de corps est le même que si la masse de ces corps se trouvait concentrée en leur centre de gravité général. — Application relative à l'élévation des fardeaux.

Composition générale des forces appliquées à un corps solide invariable. — Leur réduction à deux forces équivalentes, dont l'une passe par un point donné. — Pour l'équilibre, ces forces doivent être égales et directement contraires, et la somme algébrique des travaux des forces proposées doit être nulle pour tout déplacement fictif ou virtuel du corps. — En déduire les six équations de l'équilibre.

Des machines.

Les machines ont en général pour but de transmettre, sous certaines conditions, l'action et le travail des forces. — Influence des résistances dites *passives* : le travail moteur est toujours plus grand que le travail résistant utile. — Notions élémentaires relatives aux machines simples sollicitées uniquement par une puissance et une résistance. — Ce qu'on gagne en force, on le perd en temps ou en chemin.

Équilibre et travail des forces appliquées au levier. — Des balances. Conditions à remplir pour qu'elles ne soient ni folles ni paresseuses. — Mesure de leur sensibilité.

Équilibre et travail des forces appliquées au treuil, à la poulie fixe ou mobile. — Moufles.

Équilibre et stabilité d'un corps pesant posé sur un plan fixe horizontal ou incliné. — Réactions du plan. — Moments et degrés divers de stabilité.

Lois expérimentales du frottement, 1° à l'instant du départ; 2° pendant le mouvement. — Expériences de Coulomb relatives au frottement des corps.

Mouvement uniforme et équilibre d'un corps sur un plan incliné, en supposant ce corps uniquement soumis à l'action de la pesanteur et au frottement du plan. — Cas du mouvement uniformément accéléré. — Équations du travail et des forces vives. — Portion du travail absorbée par le frottement.

Frottement dans la poulie fixe.

PHYSIQUE.

Propriétés générales des corps. — Hydrostatique. — Hydrodynamique.

Préliminaires.

But de la physique. — Phénomènes. — Lois physiques. Les expériences sont destinées à les faire ressortir des phénomènes. — Théories physiques. — Caractère différent des méthodes expérimentales et des méthodes mathématiques.

Propriétés générales des corps.

Étendue. — Mesure des longueurs. — Mètre. — Vernier. — Cathétomètre. — Comparateur. — Vis micrométrique, sphéromètre. — Machine à diviser.

Divisibilité, porosité. — Idées généralement admises sur la constitution moléculaire des corps. — Ces conceptions purement hypothétiques ne doivent pas être confondues avec les lois physiques. — Élasticité.

Mobilité. — Inertie. — Forces. — Leur équilibre; leur action mécanique; leur évaluation numérique.

Pesanteur.

Direction de la pesanteur. — Fil à plomb. — Relation entre la direction de la pesanteur et la surface des eaux tranquilles.

Poids. — Centre de gravité.

Étude expérimentale du mouvement produit par la pesanteur. — Influence perturbatrice de l'air. — Plan incliné de Galilée. — Machine d'Atwood. Démontrer par l'expérience, 1° la loi des espaces parcourus; 2° la loi des vitesses. — Appareil de M. Morin. Démonstration de la loi des espaces et des vitesses.

Loi de l'indépendance de l'effet produit par une force sur un corps, et du mouvement antérieurement acquis de ce corps. — Loi de l'indépendance des effets des forces qui agissent simultanément sur un même corps. — Démonstration expérimentale et généralisation de ces lois. — Loi de l'égalité de l'action et de la réaction.

Masse. — Accélération. — A égalité de masse, les forces sont entre elles comme les accélérations qu'elles produisent. — Relation entre une force, la masse du corps sur lequel elle agit, et l'accélération qui résulte de cette action. — Choc des corps.

Lois générales du mouvement uniformément varié. — Formules.

Pendule. — Loi de l'isochronisme des petites oscillations et loi des longueurs, déduites de l'observation. — Méthode des coïncidences. — Emploi du pendule pour la mesure du temps. — Pendule simple. — Formule. — Pendule composé. Les lois des oscillations d'un pendule composé sont identiques aux lois des oscillations d'un pendule simple dont le calcul détermine la longueur. — Détermination, au moyen du pendule, de l'accélération produite par la pesanteur. — Cette accélération est indépendante de la nature des corps.

Remarquer que les formules du mouvement oscillatoire s'appliquent à la comparaison des forces de toute nature qu'on peut regarder comme constantes et parallèles à elles-mêmes dans toutes les positions du corps oscillant.

Identité de la pesanteur et de l'attraction universelle.

Balance. — Conditions de son établissement. — Sensibilité. — Si le point de suspension du fléau et les points d'attache des plateaux étaient exactement en ligne droite, la sensibilité serait indépendante des poids qui chargeraient les plateaux. — Méthode des doubles pesées. — Détails des précautions nécessaires pour obtenir une pesée exacte.

Définition de la densité. — La densité est le rapport du poids d'un corps à son volume.

Hydrostatique et hydrodynamique.

Distinction des divers états des corps.

Principe de Pascal : dans l'intérieur d'un liquide, la pression exercée sur un élément de surface est normale à l'élément et indépendante de sa direction. — La démonstration de ce principe résulte de la vérification expérimentale de ses conséquences. — Principe de l'égale transmission des pressions : si l'on exerce une pression sur une portion plane, égale à l'unité, de la surface d'un liquide, l'effort transmis sur une surface plane quelconque, prise à l'intérieur du liquide ou sur les parois, est égal à la pression exercée, multipliée par l'étendue de cette surface. — Vérification de ce principe au moyen de la presse hydraulique.

Application des principes précédents aux liquides pesants. — Direction de la surface libre. — Pressions intérieures ; surfaces de niveau. — Pressions sur les parois, en particulier sur le fond des vases ; paradoxe hydrostatique. — Appareil de Haldat ; expériences diverses.

Principe d'Archimède. — Vérification expérimentale ; démonstration théorique déduite des principes précédents. — Corps flottants (on ne considérera pas les conditions de stabilité de l'équilibre).

Liquides superposés.

Vases communiquants. — Niveau d'eau. — Niveau à bulle d'air ; son usage dans les instruments.

Densité des solides et des liquides. — Balance hydrostatique. — Aréomètres.

Compressibilité des liquides. — Indiquer les appareils propres à la constater. — Faire comprendre la nécessité d'une correction due à la compressibilité de l'enveloppe solide.

Propriété commune aux liquides et aux gaz. — Principe de l'égalité de pression en tous sens. — Principe de l'égale transmission des pressions. — Pesanteur des gaz. — Pressions dues à la pesanteur. — Principe d'Archimède; poids des corps dans l'air et dans le vide ; aérostats.

Liquides et gaz superposés. — Extension du principe des vases communiquants. — Application au baromètre.

Construction détaillée du baromètre. — Baromètres de Fortin, de Gay-Lussac, de Bunten. — Indiquer la nécessité des corrections usitées.

Loi de Mariotte. — Expériences de M. Regnault.

Manomètre à air libre. — Manomètre à air comprimé. — Manomètre de M. Bourdon.

Loi du mélange des gaz.

Machine pneumatique. — Degré de vide. — Machine de compression.

Principe de Torricélli. — Siphon. — Vase de Mariotte. — Fontaine de Héron. — Fontaine intermittente.

Capillarité.

Cohésion des liquides. — Adhérence des liquides aux solides. — Lois expérimentales des phénomènes capillaires.

Électricité statique.

Phénomènes généraux. — Distinction des corps conducteurs et des corps non conducteurs. — Distinction des deux espèces d'électricité. — Séparation des deux électricités par le frottement. — Hypothèse des fluides électriques.

Démonstration des lois de l'attraction et de la répulsion des fluides électriques. — Expériences de Coulomb.

Déperdition de l'électricité. — Influence de l'air. — Influence des supports isolants; de l'humidité condensée à la surface des supports.

Étude expérimentale de la distribution de l'électricité à la surface des corps. — Méthode du plan d'épreuve. — Propriété des pointes.

Électrisation par influence. — Cas où le corps soumis à l'influence est déjà électrisé. — Étincelles. — Pouvoir des pointes.

Électrisation par influence précédant le mouvement des corps légers. — Électroscopes.

Machines électriques de Van Marum, de Nairn, d'Armstrong.

Condensateur à lame d'air. — Accumulation d'électricité sur la surface de cet appareil. — Bouteille de Leyde. — Batteries. — Décharges électriques. — Effets principaux.

Électroscope condensateur. — Électrophore

Électricité atmosphérique. — Phénomènes observés par un ciel serein. — Électricité des nuages. — Orages. — Éclair. — Tonnerre. — Effets de la foudre. — Choc en retour. — Paratonnerre.

Indication des sources diverses d'électricité statique.

Magnétisme.

Aimants naturels. — Action sur le fer et sur l'acier. — Aimants artificiels. — L'action attractive paraît concentrée vers les extrémités des barreaux. — Première idée des pôles.

Direction d'un barreau aimanté sous l'action de la terre. — Action réciproque des pôles de deux aimants. — Dénomination des pôles.

Phénomènes d'influence. — Action d'un aimant sur un barreau de fer doux. — Action sur un barreau d'acier. — Force coercitive. — Effets de la rupture d'un barreau aimanté. — Idées théoriques sur la constitution des aimants. — Définition précise des pôles.

Action de la terre. — Elle se réduit à un couple. — On peut la détruire sensiblement par l'action d'un aimant convenablement placé. — Définition de la déclinaison, de l'inclinaison, du méridien magnétique.

Lois des attractions et des répulsions magnétiques déterminées par la méthode des oscillations.

Procédés d'aimantation. — Armatures. — Points conséquents. — Influence de la trempe, de l'écrouissage, de la chaleur. — Aimantation par l'action de la terre.

Liste des métaux magnétiques.

CHIMIE.

Préliminaires.

Idée générale des phénomènes dont la chimie s'occupe. — Distinction des corps en corps simples et en corps composés. — Divisibilité de la matière. — Différents états des corps. Force d'agrégation et de cohésion. Affinité chimique. — Loi des proportions multiples. — Caractères physiques et organoleptiques qui servent à spécifier les corps. — Cristallisation des corps. — Circonstances dans lesquelles les corps prennent la forme cristalline.

Règles de la nomenclature chimique. Anomalies qu'elles présentent aujourd'hui : notations et formules chimiques. — Division des corps simples en métalloïdes et en métaux.

Oxygène.

Divers modes de préparation. — Appareil pour recueillir les

gaz ; gazomètres. — Définition de la densité d'un gaz. — Propriétés physiques et chimiques du gaz oxygène.—Chalumeau à air, à oxygène.

Hydrogène.

Divers modes de préparation. — Propriétés physiques et chimiques de ce gaz. — Chalumeau à gaz hydrogène et oxygène. — Dessiccation du gaz.

Combinaisons de l'hydrogène avec l'oxygène. —Protoxyde d'hydrogène ou eau. — Propriétés physiques de l'eau. — Congélation. — Définition de la densité des vapeurs. — Évaporation. Vapeur d'eau dans l'atmosphère ; substances déliquescentes et efflorescentes. — Distillation ; alambic et appareils divers employés dans les laboratoires. Évaporation des dissolutions salines. — Lois de la solubilité des gaz dans les liquides. Procédé à l'aide duquel on détermine la quantité de gaz dissoute dans l'eau qui a séjourné au contact de l'atmosphère.

Analyse de l'eau. — Calibrage et vérification des cloches divisées. — Eudiomètres. — Synthèse de l'eau par la méthode eudiométrique. — Première remarque sur la simplicité des rapports entre les volumes des gaz simples qui se combinent. — Synthèse de l'eau par la combustion de l'hydrogène au moyen de l'oxygène de l'oxyde de cuivre. — Analyse de l'eau par la pile. — Manières diverses d'exprimer la composition de l'eau. — Première notion des équivalents chimiques et des poids atomiques.

Bioxyde d'hydrogène ou eau oxygénée. Mode de préparation. — Propriétés physiques et chimiques. Actions de présence ou catalytiques. — Analyse du bioxyde d'hydrogène.

Azote ou nitrogène.

Modes de préparation. — Propriétés physiques.

Air atmosphérique. — Généralités sur la constitution de l'atmosphère. — Détermination des quantités de vapeur d'eau et d'acide carbonique contenues dans l'atmosphère. — Aspirateur à écoulement constant. — Détermination de l'oxygène par les réactifs absorbants et par la combustion dans l'eudiomètre. — L'air est un mélange et non une combinaison des gaz azote et oxygène; preuve fondée sur la loi de solubilité des gaz dans l'eau.

Combinaisons de l'azote avec l'oxygène. — Acide azotique ou nitrique. Acide azotique anhydre; acides hydratés à proportions définies. — Propriétés chimiques de l'acide azotique à divers états de concentration. — Combinaison directe de l'azote et de l'oxygène sous l'influence de l'étincelle électrique. — Préparation de l'acide azotique dans les arts. Purification de l'acide azotique du commerce. — Analyse de l'acide azotique.

Protoxyde d'azote. Préparation. — Propriétés physiques et chi-

miques de ce gaz. — Son analyse par le potassium et dans l'eudiomètre.

Bioxyde d'azote. Préparation. — Propriétés chimiques. — Dissolution du deutoxyde d'azote dans l'acide azotique plus ou moins concentré. Explication des colorations diverses que présentent ces dissolutions. — Analyse du deutoxyde d'azote.

Acide azoteux. Circonstances dans lesquelles il se produit.

Acide hypoazotique. Préparation. Son analyse.

Récapitulation des combinaisons de l'azote avec l'oxygène. Remar-
ques sur les rapports en volume et en poids suivant lesquels l'azote
et l'oxygène se combinent pour former ces composés. — Équivalent
de l'azote.

Combinaison de l'azote avec l'hydrogène ou ammoniaque. Circonstances dans lesquelles l'azote et l'hydrogène paraissent se com-
biner directement. Origine des composés ammoniacaux.—Préparation du gaz ammoniac et de sa dissolution aqueuse. Préparation dans
les arts. Propriétés physiques et chimiques du gaz ammoniac. —
Son analyse. — Combinaison directe du gaz ammoniac avec le gaz
acide chlorhydrique; remarque sur le rapport des volumes de ces
deux gaz qui se combinent; équivalent de l'ammoniaque.

Soufre.

État sous lequel on le trouve dans la nature. Extraction et purification du soufre naturel.—Propriétés physiques du soufre; dimorphisme; phénomènes curieux qu'il présente à diverses températures. — Propriétés chimiques du soufre.

Combinaisons du soufre avec l'oxygène. — Acide sulfureux. Divers
modes de production de ce gaz.—Propriétés physiques et chimiques.
— Analyse du gaz acide sulfureux. — Emploi de l'acide sulfureux
pour le blanchiment de la laine et de la soie, et pour enlever les
taches de fruits sur le linge.

Acide sulfurique. Sa formation par l'action de l'acide azotique sur
le soufre et sur l'acide sulfureux. — Acide sulfurique monohydraté.
— Précautions à prendre dans sa distillation et son mélange avec
l'eau. Analyse de l'acide sulfurique monohydraté. Divers hydrates
définis de l'acide sulfurique.—Acide sulfurique fumant de Nordhausen; sa préparation dans le Hartz. Acide sulfurique anhydre; sa formation par la combinaison directe de l'acide sulfureux et de l'oxygène, sous l'influence de la mousse de platine. Son extraction de
l'acide fumant de Nordhausen. — Préparation de l'acide sulfurique
hydraté dans les arts, par la méthode anglaise ou des chambres de
plomb. Cristaux des chambres de plomb.

Acide hyposulfurique. Circonstances dans lesquelles il se produit.

Acide hyposulfureux. Circonstances dans lesquelles il se produit.

Récapitulation des combinaisons du soufre avec l'oxygène. **Détermination de l'équivalent du soufre.**

Combinaison du soufre avec l'hydrogène. — Acide sulfhydrique. Sa préparation. Propriétés physiques et chimiques de ce gaz. Eaux minérales sulfureuses. — Analyse du gaz acide sulfhydrique.

Bisulfure d'hydrogène. Circonstances dans lesquelles il se produit.

Sélénium, tellure.

Faire voir seulement leur analogie avec le soufre.

Chlore.

Préparation de ce gaz dans les laboratoires et dans les arts. Propriétés physiques. — Dissolution aqueuse. Hydrate défini du chlore. — Propriétés oxydantes de la dissolution aqueuse du chlore. Son emploi pour décolorer les tissus d'origine végétale.

Combinaisons du chlore avec l'oxygène. — Acide chlorique; préparation. Composition déduite de l'analyse du chlorate de potasse. — Acide perchlorique. Circonstances dans lesquelles il se produit. — Acides hypochloreux, chloreux et hypochlorique. Circonstances dans lesquelles ces composés se produisent.

Récapitulation des combinaisons du chlore avec l'oxygène. — Équivalent du chlore.

Acide chlorhydrique. — Combinaison directe du chlore avec l'hydrogène, sous l'influence de la lumière solaire. — Préparation de l'acide chlorhydrique dans les laboratoires et dans les arts. — Purification de l'acide chlorhydrique du commerce. — Analyse du gaz acide chlorhydrique.

Combinaisons du chlore avec le soufre. — Quelques mots sur ces composés.

Chlorure d'azote. — Signaler simplement les circonstances dans lesquelles il se produit et les précautions qu'il faut prendre pour éviter la formation de ce composé dangereux dans plusieurs opérations de laboratoire.

Eau régale. — Constitution chimique de l'eau régale. — Son emploi dans les laboratoires comme agent oxydant et comme agent chlorurant.

Brôme.

Faire voir son analogie complète avec le chlore.

Iode.

Extraction des eaux mères des soudes de varech. — Propriétés physiques. — Son emploi en médecine. — Quelques mots sur les combinaisons de l'iode avec l'oxygène et avec l'hydrogène.

Iodure d'azote.

Fluor.

Son existence hypothétique. Acide fluorhydrique. Préparation. Sa composition déduite de l'analyse du fluorure de calcium. — Emploi de l'acide fluorhydrique gazeux ou en dissolution, pour graver sur le verre. Manière de l'employer pour graver les échelles sur verre des instruments de physique.

Phosphore.

Propriétés physiques et chimiques. Divers états isomériques. Précautions à prendre dans la distillation du phosphore. — Préparation du phosphore dans les arts. — Allumettes phosphoriques ou chimiques.

Combinaisons du phosphore avec l'oxygène. — Acide phosphorique. Préparation de l'acide anhydre par la combustion directe du phosphore dans l'oxygène ou dans l'air. Préparation de l'acide hydraté par l'action de l'acide azotique sur le phosphore. — Analyse de l'acide phosphorique.

Acide phosphoreux; circonstances dans lesquelles il se produit. Préparation par l'action du chlore, en présence de l'eau, sur le phosphore. — Acide hypophosphoreux et oxyde de phosphore; circonstances dans lesquelles ces corps se produisent.

Récapitulation des combinaisons du phosphore avec l'oxygène. — Équivalent du phosphore.

Combinaisons du phosphore avec l'hydrogène. — Méthode générale pour faire l'analyse de ces corps.

Chlorures de phosphore. Combustion du phosphore dans le chlore.

Arsenic.

État sous lequel on le trouve dans la nature. Préparation.

Combinaisons de l'arsenic avec l'oxygène. — Acide arsénieux; sa formation dans les arts par le grillage des arséniures et des arséniosulfures. États isomériques de l'acide arsénieux. — Acide arsénique. — Équivalent de l'arsenic.

Combinaison de l'arsenic avec l'hydrogène. Hydrogène arsénié.

Chlorure d'arsenic; signaler seulement son existence et donner sa composition.

Empoisonnements par l'acide arsénieux; caractères qui les distinguent; contre-poisons. Recherche de l'arsenic dans les cas d'empoisonnements. Appareils de Marsh.

Bore.

Sa préparation. Propriétés chimiques.

Acide borique. État sous lequel on le trouve dans la nature. Propriétés chimiques de l'acide borique. — Son extraction des lagoni de la Toscane. — Difficultés qui se présentent dans la fixation de l'équivalent du bore.

Fluorure de bore.

Silicium.

Préparation et propriétés physiques.

Acide silicique. Son existence dans la nature. Préparation de l'acide silicique gélatineux. Composition de l'acide silicique déduite de l'analyse du chlorure de silicium. — Difficultés qui se présentent dans la fixation de l'équivalent du silicium et de la formule de l'acide silicique.

Chlorure de silicium. Fluorure de silicium et acide hydrofluosilicique.

Carbone.

États divers sous lesquels le carbone se trouve dans la nature, ou qu'il prend lorsqu'il résulte de la décomposition des diverses matières organiques. Diamant; graphite naturel ou plombagine; graphite des hauts fourneaux; charbon de houille ou coke; charbon de bois; charbon des matières organiques fusibles; noir animal; noir de fumée. Pesanteurs spécifiques variables du carbone. — Absorption des gaz et de diverses matières solubles, par le charbon poreux. Emploi du noir animal pour décolorer les liqueurs dont la coloration est due à des matières organiques. Carbonisation intérieure des tonneaux de bois destinés à conserver l'eau.

Combinaisons du carbone avec l'oxygène. — Acide carbonique. Divers modes de formation, préparation. — Propriétés physiques du gaz acide carbonique. Liquéfaction de l'acide carbonique. Appareil de Thilorier, pour préparer l'acide carbonique liquide. Emploi de l'acide carbonique liquide dans les expériences de physique qui exigent un froid considérable. — Circonstances dans lesquelles l'acide carbonique se produit dans la nature.— Solubilité de l'acide carbonique dans l'eau. Eaux gazeuses naturelles et artificielles.—Analyse de l'acide carbonique.

Oxyde de carbone; sa production dans les fourneaux à cuve. — Préparation par la réaction du charbon sur l'acide carbonique. Préparation dans les laboratoires par l'action de l'acide sulfurique concentré sur l'acide oxalique. — Propriétés physiques et chimiques du gaz oxyde de carbone. Analyse du gaz oxyde de carbone.

Acide oxalique; son existence dans les sucs acides de certains végétaux. — Préparation dans les laboratoires par l'action de l'acide azotique sur le sucre. — Analyse de l'acide oxalique. — Méthode générale d'analyse des combinaisons de carbone, d'hydrogène et d'oxygène.

Récapitulation des combinaisons du carbone avec l'oxygène. — Détermination de l'équivalent du carbone.

Quelques mots sur les combinaisons du carbone avec l'hydrogène.

Application des méthodes eudiométriques à l'analyse des carbures d'hydrogène gazeux.

Sulfure de carbonne ou acide sulfo-carbonique; sa préparation dans les laboratoires et dans les arts. — Propriétés physiques et chimiques de sulfure de carbonne: ses applications dans les laboratoires et dans les arts. — Analyse de sulfure de carbonne. — Analogie chimique du sulfure de carbonne avec l'acide carbonique.

Combinaison du carbonne avec l'azote, cyanogène. Préparation. Propriétés physiques et chimiques. Analyse du cyanogène. — Acide cyanhydrique ou prussique. Préparation de l'acide anhydre et de l'acide en dissolution. Analyse de l'acide cyanhydrique.

Manipulations [1].

Première manipulation. — Cristallisation du sulfate de soude. Oxygène par le peroxyde de manganèse. — Oxygène par le chlorate de potasse. — Combustion du soufre, du phosphore, du charbon et du fer dans l'oxygène.

Deuxième manipulation. — Oxygène par le peroxyde de manganèse et l'acide sulfurique. — Hydrogène par le fer et la vapeur d'eau. — Hydrogène par le zinc et l'acide sulfurique. — Détonation d'un mélange d'hydrogène et d'oxygène dans l'eudiomètre.

Chlore sec. — Combustion du phosphore et de l'antimoine dans le chlore. — Décoloration de l'encre ordinaire, de la teinture de tournesol et du vin rouge par le chlore.

Troisième manipulation. — Azote par le phosphore. — Azote par le cuivre.

Cristallisation du soufre. — Soufre mou. — Distillation du soufre brut.

Extraction de l'iode. — Iodure d'amidon. — Recherche du brome.

Quatrième manipulation. — Décomposition de l'eau par le charbon.

Calcination des os. — Décoloration de la teinture de tournesol et du vin rouge par le charbon d'os.

Analyse de l'air par le phosphore à chaud. Analyse de l'air par l'hydrogène.

---

1. Les élèves ne doivent jamais être livrés à eux-mêmes pendant les manipulations. Celles-ci doivent toujours être précédées d'une conférence où on expose, avec tous les détails nécessaires, les procédés opératoires relatifs aux manipulations que les élèves vont effectuer. En décrivant ces opérations le professeur les exécute, en se servant des appareils mêmes dont les élèves vont faire usage. Enfin, on expose sous leurs yeux des appareils montés d'avance qui leur indiquent toutes les dispositions qu'ils auront à observer dans l'arrangement des pièces qui les composent.

Cinquième manipulation. — Synthèse de l'eau par l'oxyde de cuivre.

Extraction de l'air de l'eau. — Son analyse.

Distillation de l'eau.

Essai des eaux par l'eau de chaux, — l'eau de savon, le chlorure de barium, — l'azotate d'argent, — l'oxalate d'ammoniaque, — le carbonate de soude, — la teinture de campêche.

Sixième manipulation. — Décomposition du sel marin par l'acide sulfurique. — Préparation de l'acide chlorhydrique et du sulfate de soude.

Gravure sur verre par l'acide fluorhydrique. — Préparation de l'acide iodhydrique par l'iode et l'acide sulfhydrique. — Action de l'acide iodhydrique sur les sels de plomb. — Action du chlore sur l'acide iodhydrique.

Préparation du bisulfure d'hydrogène.

Septième manipulation. — Préparation du phosphure de calcium. — Préparation de l'hydrogène phosphoré.

Essai d'une dissolution d'acide arsénieux par le procédé de Marsh. — Essai d'une dissolution d'émétique par le même procédé.

Préparation du gaz des marais. — Préparation du gaz oléfiant et de la liqueur des Hollandais.

Huitième manipulation. — Préparation de l'ammoniaque en dissolution.

Décomposition de l'ammoniaque par le fer. Analyse du gaz en provenant.

Action du chlore dissous sur l'ammoniaque liquide.

Préparation du protoxyde d'azote.

Neuvième manipulation. — Préparation et étude des propriétés de l'acide azotique.

Préparation du bioxyde d'azote.

Dixième manipulation. — Préparation de l'acide sulfureux. — Préparation de l'acide sulfurique de Nordhausen.

Action de l'acide sulfureux sur le bioxyde d'azote et l'air humide.

Préparation de l'acide phosphorique.

Onzième manipulation. — Préparation et étude de l'oxyde de carbone et de l'acide carbonique.

Préparation de l'acide borique.

Coloration du borax par les oxydes métalliques.

Douzième manipulation. — Préparation des chlorures de phosphore, du chlorure de soufre, du sulfure de carbone et de l'acide fluosilicique.

LANGUE FRANÇAISE.

Exercices de composition française, discours, analyses littéraires.

LANGUE ALLEMANDE.

Enseignement ou révision conformément aux instructions ministérielles du 29 sept. 1863 (Voir ci-après, p. 144.)

DESSIN GÉOMÉTRIQUE. — LAVIS. — DESSIN D'IMITATION.

Dessin géométrique.

Les élèves devront exécuter toutes les épures relatives aux questions spécifiées dans le programme de géométrie descriptive.

Cinq épures seront faites à main levée. Deux au moins de ces croquis auront rapport, l'un aux plans tangents, et l'autre, aux intersections de surface.

En outre, les élèves devront exécuter deux dessins de plans, faits à l'échelle, d'après les données du Levé, conformément au programme LI, p. 75.

ENSEIGNEMENT SECONDAIRE PROFESSIONNEL [1].

PREMIÈRE ANNÉE.

LV.

Cours de français.

Grammaire française.

Révision de la première partie. — Éléments du langage. — Différentes espèces de mots.
Explication des signes orthographiques.
Explication et applications de la syntaxe.

Textes de lecture et de récitation.

La Fontaine. — Les cinq premiers livres des Fables.
Fénelon. — Morceaux choisis de Télémaque.
Choix de morceaux tirés d'ouvrages classiques à la portée du premier âge (prose et vers. Des livres de cette sorte, appropriés à l'âge des élèves, devraient se trouver dans chaque classe).

Dictées d'orthographe usuelle.

Exercices écrits et oraux sur les lectures faites en classe.

Observations.

Les élèves de cette première année ont dû prouver, par la manière dont ils ont subi l'examen d'entrée, qu'ils possèdent les éléments de la grammaire française. Néanmoins le professeur consacrera un petit nombre de leçons à la révision de ces éléments, et s'assurera particulièrement que tous les élèves savent conjuguer avec facilité. Il passera ensuite à l'étude de la syntaxe, qu'il simplifiera autant que possible, évitant les abstractions, négligeant les exceptions et même les règles secondaires, mais multipliant les exemples et les applications des règles principales.

1. Nous ferons observer de nouveau que les programmes de l'enseignement professionnel qui suivent sont provisoires. Ils ne seront définitifs qu'après avoir été approuvés par le Conseil impérial de l'instruction publique. Le ministre, dans une circulaire aux recteurs en date du 2 octobre 1863, a donné aux professeurs de l'enseignement professionnel les directions qu'il a jugées utiles sur les différents objets d'études. (Voir cette circulaire, p. 150.)

Dans le choix des *dictées*, le professeur évitera les textes insigni-
fiants, fabriqués exprès pour les exercices d'orthographe, et dans
lesquels on affecte d'accumuler les difficultés grammaticales et les
mots rares ou techniques. Ce qu'il importe surtout d'apprendre
aux enfants, ce sont les règles fondamentales de la grammaire et
l'orthographe usuelle. On évitera aussi de corriger les dictées en
faisant épeler tous les mots, même les plus connus. L'épellation
doit être réservée pour les mots dont l'orthographe présente quelque difficulté.

L'enseignement littéraire commencera dès cette année, au moins
dans le second semestre. Il comprendra :

1º Des lectures, avec commentaire, de textes français. — Le
professeur devra multiplier les occasions de faire lire les élèves
sous sa direction. Il s'attachera, pour ces lectures, comme pour
les récitations journalières, à corriger les enfants de leurs habitudes
vicieuses de *prononciation* et de *débit*. Il ne manquera pas d'expliquer tous les termes dont la nature ou l'emploi pourraient échapper
à leur intelligence, ni de donner, à l'occasion, les notions de
mythologie, d'histoire, de biographie, etc., que les textes pourront
comporter. Il doit se convaincre que la leçon n'aura été bien faite
que lorsqu'il ne restera d'obscurité dans l'esprit des élèves, ni pour
le sens de chaque phrase, ni pour *l'intelligence générale* du morceau.

2º Des exercices oraux et écrits sur les textes mêmes qui auront
déjà été lus et commentés précédemment. Le maître en fera reproduire les idées principales ou les principaux faits, tantôt de vive
voix, pour exercer ses élèves à parler, tantôt par écrit pour les
exercer à écrire. Il les habituera à relever les expressions sail-
lantes et à chercher les équivalents, afin de prouver ainsi qu'ils
ont compris. Cette méthode, toute pratique, exerce à la fois la
mémoire et la réflexion ; elle aiguise la sagacité, et, sans supposer
chez l'enfant des facultés qui ne s'éveillent que plus tard, elle
l'habitue sans fatigue à se rendre compte de ce que d'autres ont
pensé, et le préparent ainsi à penser par lui-même.

LVI.

Langues vivantes.

Le ministre prescrit de se référer sur ce point à sa circulaire
du 29 sept. 1863 sur les langues vivantes. Voir cette circulaire
ci-après, p. 144.

LVII.

Histoire.

Histoire ancienne.

Fondation des premiers empires dans les fertiles vallées des grands fleuves.

Description de l'Égypte. — Principaux monuments de l'Égypte. — Sésostris. — Importance commerciale de l'Égypte dans l'antiquité.

Vallées de l'Euphrate et du Tigre. — Monuments de l'Assyrie et de la Babylonie. — Sémiramis. — Sardanapale. — Nabuchodonosor.

Médie. — Perse. — Cyrus. — Conquête de l'Égypte par Cambyse. — Empire des Perses sous Darius.

Phénicie. — Tyr. — Carthage. — Leur importance commerciale.

Histoire de la Grèce.

La guerre de Troie. — Sparte et la législation de Lycurgue. — Guerre de Messénie.

Athènes et la législation de Solon. — Pisistrate et ses fils.

Guerres médiques. — Miltiade, Thémistocle et Aristide. — Batailles de Marathon, de Salamine, de Platée et de Mycale.

Puissance d'Athènes après les guerres médiques. — Périclès, Phidias et le Parthénon. — Guerre du Péloponèse.

Alcibiade. — Expédition de Sicile. — Prise d'Athènes.

Puissance de Sparte après la guerre du Péloponèse. — Expédition du jeune Cyrus et retraite des Dix mille. — Agésilas. — Résistance de Thèbes. — Épaminondas et Pélopidas.

Puissance de la Macédoine. — Philippe et Démosthène; soumission de la Grèce.

Alexandre. — Conquête de l'Orient.

Les royaumes formés du démembrement de l'empire macédonien tombent, pour la plupart, au pouvoir des Romains.

Histoire romaine.

Fondation de Rome. — Les rois.

Établissement de la république. — Consulat et tribunat.

Lutte entre les patriciens et les plébéiens. — Décemvirs. — Censeurs. — Admission des plébéiens au consulat et à toutes les magistratures.

Guerres des Romains contre les peuples voisins. — Les Gaulois cisalpins et Pyrrhus.

Carthage : Les trois guerres puniques. — Annibal et Scipion. — Batailles du Tessin, de la Trébie, de Trasimène, de Cannes et de Zama. — Destruction de Carthage. — Conquête de la Sicile, de l'Espagne et d'une partie de l'Afrique.

Guerres contre la Macédoine et la Syrie. — Réduction de la Macédoine, de la Grèce et de l'Asie Mineure en provinces romaines.

Soumission des Gaulois cisalpins. — Conquête de la Narbonnaise et de l'Espagne. — Les Gracques et les lois agraires.

Jugurtha. — Marius et les Cimbres. — Dictature de Sylla.

Pompée. — Mithridate. — Catilina et Cicéron. — Premier triumvirat. — Conquête de la Gaule par César.

Guerre civile. — César et Pompée. — Dictature de César. — Deuxième triumvirat. — Bataille d'Actium.

Auguste. — Étendue de l'empire romain sous son règne. — Empereurs de la famille d'Auguste. — Les Flaviens. — Les Antonins. — Trajan.

L'anarchie militaire. — Dioclétien et Constantin.

Julien et Théodose. — Exigences fiscales; dépopulation des provinces. — Partage définitif de l'empire.

De l'organisation du travail dans la société ancienne : l'esclavage; les arts manufacturiers sans essor; rareté des découvertes industrielles ; l'agriculture stationnaire entre des mains serviles. — Point de classe moyenne : quelques hommes très-riches, la masse pauvre ; luxe corrupteur des uns, misère dégradante des autres.

LVIII.

Enseignement géographique.

Définition des principaux termes géographiques.

Division de la surface du globe en terre et en eau.

Division du monde en cinq parties : ce que les anciens en connaissaient.

Division de l'océan en grandes mers. Mers intérieures. Isthmes et détroits principaux. Grandes îles du globe.

Géographie physique de l'Asie. — Limites de l'Afrique, de l'Europe, de l'Amérique et de l'Océanie.

Limites de chacune des grandes parties du monde. — Mers et golfes. — Lacs et fleuves principaux; chaînes de montagnes; volcans ; grandes îles ; productions.

LIX.

Enseignement de l'arithmétique, tenue des livres, etc.

Quatre leçons par semaine sont réservées aux premiers éléments de l'*arithmétique*, de la *géométrie* et de la *tenue des livres*.

1er *Semestre.* { Eléments d'arithmétique pratique (3 leçons);
Éléments de géométrie pratique (1 leçon).

Ces éléments comprendront:

Pour l'arithmétique : la pratique des quatre règles sur les nombres entiers et décimaux, des notions sur le système légal des poids et mesures, de nombreux exercices sur les questions usuelles qui se rattachent à ce système ;

Pour la géométrie : les premières notions sur la ligne droite, le cercle, les angles ; l'usage de la règle, du compas, de l'équerre et du rapporteur dans les constructions sur le papier.

2e *Semestre.* { Principes d'arithmétique ; notions sur la tenue des livres et premiers exercices d'écritures commerciales (3 leçons);
Principes de géométrie plane (1 leçon).

Les *principes* d'arithmétique comprendront:

L'exposition très-élémentaire, mais déjà *raisonnée*, des quatre opérations sur les nombres entiers et décimaux et sur les fractions ordinaires. On insistera sur les questions d'intérêt et d'escompte commercial, d'échéance commune, de change et de rentes. On indiquera la règle de multiplication abrégée, et on l'appliquera à des exemples.

Les principes de géométrie comprendront :

Les propriétés essentielles de la ligne droite et du cercle, d'après les dix-neuf premiers numéros du programme XIV de l'enseignement secondaire classique (Voir ci-dessus, p. 32). S'il reste du temps, on donnera des notions sur les *rapports* des grandeurs, sur les lignes proportionnelles et la similitude des figures.

En dehors du temps ordinaire des classes (c'est-à-dire dans l'intervalle de dix heures à midi), trois séances d'*une* heure chacune seront consacrées au *dessin d'imitation*, et deux séances de même durée au *dessin linéaire*. Cet enseignement comprendra la résolution à la règle et au compas des problèmes de géométrie usuels, le tracé des moulures, de l'ove, de la volute, de l'anse de panier, et des exercices de dessin d'ornement à main levée. Enfin, trois séances d'une heure seront réservées à des exercices d'*écriture*.

Les élèves externes qui acquitteront les frais de l'externat *surveillé* seront admis à tous ces exercices.

DEUXIEME ANNÉE.

LX.

Cours de français.

Grammaire française.

Révision de la syntaxe. — Exercices grammaticaux.
Explication des termes essentiels et du mécanisme de la proposi-
tion. — Quelques exercices d'analyse logique.
De la ponctuation comme méthode d'analyse logique.
Faire connaître les principales figures de construction et les prin-
cipaux idiotismes de la langue francaise. Donner des exemples.

Textes de lecture et de récitation.

La Fontaine, livres VI, VII, VIII, IX et X des Fables.
Racine (morceaux choisis).
Boileau (morceaux choisis).
Buffon (morceaux choisis).
Voltaire, Charles XII (morceaux choisis).

Observations.

Concurremment avec les exercices d'analyse logique, qu'on aura
soin de ne pas trop multiplier, le professeur continuera, en obser-
vant une juste gradation, les exercices oraux ou écrits recommandés
pour la première année. Il pourra déjà laisser quelque liberté à
l'esprit de ses disciples en ne les retenant pas, pour les explications, dans les limites d'une étroite paraphrase.

LXI.

Langues vivantes.

(Voir la circulaire relative à l'enseignement des langues
vivantes, p. 144.)

LXII.

Histoire du moyen âge.

Invasion des Barbares. — Alaric, Genséric, Attila et Théodoric. —
Absence de toute sécurité ; ruine générale.
Les Francs et Clovis.

Justinien : Tentative de restauration de l'empire romain. — Les Lombards.

Les fils de Clovis. — Grandeur des Mérovingiens. — Dagobert.

Décadence des Mérovingiens. — Les maires du palais. — Bataille de Testry. — Pépin d'Héristal. — Charles Martel. — Pépin le Bref. — Efforts pour rétablir l'unité de commandement.

Charlemagne. — Ses guerres et ses conquêtes. — Étendue de son empire. — Ses institutions. — Unité temporaire du monde germanique.

Mahomet, le Coran et les conquêtes des Arabes. — Démembrement, décadence et chute de leur empire après un vif éclat de civilisation éphémère.

Démembrement de l'empire carlovingien. — Louis le Débonnaire. — Bataille de Fontanet. — Traité de Verdun.

Charles le Chauve. — Nouvelles invasions : Northmans, Sarrasins, Hongrois.

Démembrement de la France en grands fiefs. — Dernier rois carlovingiens et ducs de France. — Avénement des Capétiens. — Abaissement de la royauté française, mais activité et grandeur de la nation ; fondation du royaume des Deux-Siciles et du royaume de Portugal. — Conquête de l'Angleterre par les Normands.

Renouvellement de l'empire de Charlemagne par les Allemands.— Othon le Grand.

La féodalité. — Chevalerie.

La querelle des investitures. — Toute-puissance de l'empereur Henri III. — Grégoire VII et Henri IV.

Les croisades d'Orient. — Fondation du royaume éphémère de Jérusalem. — Ordres militaires. — Résultats pour le commerce.

Les croisades d'Occident. — Réunion de la France du midi à celle du Nord ; fondation des royaumes espagnols. — Conquête et conversion de la Prusse et de la Livonie.

Progrès de la population urbaine et du commerce (la lettre de change). — Les communes. — Industries nouvelles ; les corporations, jurandes et maîtrises transforment en monopole au profit du petit nombre l'exercice des industries. La liberté manque au travail et le défaut de concurrence en arrête l'essor. — État des campagnes : servage. La terre immobilisée au profit de la noblesse et du clergé ne peut passer aux mains les plus aptes à en tirer parti. — Les Universités. — Astrologie. — Alchimie. — Sorciers. — Architecture ogivale.

Première période de rivalité entre la France et l'Angleterre (1066-1217). — Louis le Gros, Louis VII et Henri II (Thomas Becket) ; Philippe Auguste et Jean sans Terre ; Bataille de Bouvines. Les rois anglais perdent la moitié de leurs fiefs français. — La grande charte des libertés anglaises.

Lutte de l'Italie et de l'Allemagne. — Les Guelfes et les Gibelins. Frédéric Barberousse et Alexandre III. — Innocent III et la quatrième croisade. — Venise; progrès de sa puissance maritime. — Frédéric II et Innocent IV. — Chute de la domination allemande en Italie. Les républiques italiennes; leur commerce maritime et leurs manufactures; premières banques et commencement du crédit. — En Allemagne, la Hanse; services qu'elle rend à la civilisation du nord de l'Europe.

Progrès de la royauté française sous Philippe Auguste et saint Louis. — Ascendant de la France au treizième siècle par la sainteté de son roi, sa puissance, la renommée de ses Universités et l'influence de sa littérature.

Progrès des institutions anglaises depuis la concession de la grande charte jusqu'à la guerre de Cent ans. — Henri III et Édouard Ier: le Parlement.

Progrès des institutions féodales en Allemagne. — Le grand interrègne. — Avénement de la maison de Habsbourg. — Affranchissement de la Suisse. — Ruine de l'autorité impériale.

Renouvellement en France de la lutte du sacerdoce et de l'empire. — Différend de Philippe le Bel et de Boniface VIII. — États généraux. — Condamnation des Templiers.

Géographie politique de l'Europe en 1398. — Puissance de la France.

LXIII.

Enseignement géographique.

L'enseignement géographique de la deuxième année sera l'étude des divers États européens. Le professeur commencera par une révision de la géographie physique étudiée l'année précédente, et fera connaître successivement, pour chacun des États, la langue, la religion, le gouvernement, les principales villes, les possessions hors de l'Europe, les communications internationales par canaux et chemins de fer, l'industrie, le commerce et la force militaire.

LXIV.

Mathématiques appliquées et comptabilité.

Quatre leçons par semaine sont consacrées, durant toute l'année, aux *mathématiques appliquées* et au *cours de comptabilité*. (Ce dernier cours sera fait d'après le programme nouveau imprimé ci-après sous le n° LXXVII, p. 132.)

Dans le second semestre, une cinquième leçon est employée à l'exposition des *premiers éléments de physique.*

Mathématiques appliquées.

1° *Révision et complément d'arithmétique;* premières notions sur l'emploi des quantités littérales, comme moyen d'abréviation et de généralisation dans les calculs. — Exercices numériques sur les problèmes usuels. — 32 leçons d'après le programme X de l'enseignement secondaire classique (voir p. 27), réduit sous le rapport théorique et développé dans ce qui touche aux applications [1].

2° *Révision et compléments de géométrie plane.* — Exercices d'arpentage sur le terrain, d'après les programmes n°s XIV (voir p. 32) et XXXVI (voy. p. 59).

3° *Éléments de géométrie dans l'espace,* comprenant la ligne droite et le plan. — Exercices de levé des plans sur le terrain d'après les programmes n°s XXVII (voir p. 51) (moins les compléments d'algèbre) et XXXVI (voir p. 61).

Comptabilité.

32 leçons ou une classe par semaine.

Premières notions de physique comprenant :

Les propriétés générales des corps, des notions sur la pesanteur, l'usage de la balance, le principe d'Archimède, les aréomètres, la machine pneumatique, le baromètre, la loi de Mariotte, les pompes, la dilatation des corps par la chaleur, le thermomètre, la fusion, la solidification et la vaporisation. — 16 leçons.

L'étude du dessin linéaire comprenant, pour cette année, la construction des échelles, des notions sur les ordres d'architecture et des exercices de dessin et de lavis relatifs au levé des plans.

TROISIÈME ANNÉE.

LXV.

Cours de français.

Une leçon d'une heure par semaine sera consacrée à l'exposition de notions élémentaires de littérature. Ce cours sera fait pendant le premier semestre et comprendra environ dix leçons sur les matières suivantes :

En quoi la prose diffère-t-elle de la poésie ? Règles élémentaires de la versification ; donner des exemples.

---

1. C'est dans cet esprit que tous les autres programmes de l'enseignement classique mentionnés plus loin devront être suivis. Le chiffre des leçons n'a, bien entendu, rien d'absolu. Il indique la proportion que le cours doit avoir dans l'ensemble des études de l'année ; mais le professeur conserve, sous sa responsabilité, une liberté suffisante pour donner à son enseignement la marche qui lui paraît devoir être la plus utile à ses élèves.

Des divers genres littéraires en vers ; les bien caractériser, en se servant des définitions données par nos meilleurs écrivains, notamment par Boileau (Art poétique) ; La Bruyère (Des ouvrages de l'Esprit) ; Fénélon (Lettre à l'Académie).

Du style poétique. Formes de langage particulières à la poésie.

Des principaux genres littéraires en prose, et particulièrement : de la narration, du discours (exorde, preuve, péroraison), du genre épistolaire.

Élocution : Quelles sont les qualités générales du style ? Quelles sont, parmi ces qualités, celles qui appartiennent plus particulièrement à la littérature française ?

Des principales figures du discours. Donner des exemples, empruntés surtout aux auteurs du programme.

Pendant le deuxième semestre, le professeur exposera avec autant de citations que possible, les principales époques de l'histoire littéraire de l'antiquité, d'après le programme qui suit:

Littérature sacrée : Les Prophètes.

Littérature grecque : Épopée : Homère, l'Iliade et l'Odyssée.

Poésie lyrique : Tyrtée et Pindare.

Poésie dramatique : Eschyle, Sophocle, Aristophane.

Naissance et progrès de la prose, 1° par l'histoire : Hérodote et Thucydide ; 2° par la tribune : Périclès et Démosthène ; 3° par la philosophie : Platon et Aristote.

Ce qu'on entend par le siècle de Périclès.

Littérature latine : La poésie épique et lyrique : Virgile et Horace.

La comédie : Plaute et Térence.

L'éloquence : Cicéron.

L'histoire : César, Salluste, Tite-Live, Tacite.

Le siècle d'Auguste.

Principaux écrivains de la décadence : Sénèque, Lucain, les deux Pline et Juvénal.

Texte de lecture et de récitation.

La Fontaine. — Livre XI des Fables.

Morceaux choisis du théâtre classique. — Corneille (le Cid, Cinna et Polyeucte) ; Racine (Athalie, Britannicus, Iphigénie); Molière (le Misanthrope et les Femmes savantes); Boileau (Art poétique); La Bruyère (les Caractères); Voltaire (le Siècle de Louis XIV).

Exercices de composition : Narrations, lettres, discours d'un genre simple.

Analyse littéraire et morceaux choisis dans les auteurs du programme.

Observations.

Le professeur, en faisant les deux cours de théorie et d'histoire littéraire qui sont indiqués pour cette troisième année, se souviendra que les auditeurs auxquels il s'adresse sont étrangers à la connaissance des langues de l'antiquité ; mais il ne perdra point de vue qu'il serait choquant que ces jeunes gens sortissent de nos lycées sans avoir entendu parler des plus beaux génies de la Grèce et de Rome , dont ils retrouveront partout autour d'eux les noms vivants encore dans nos arts, dans notre littérature, jusque dans la conversation , et sans avoir lu quelques pages de ces livres où nos grands écrivains sont allés chercher tant d'inspirations.

Les lectures faites en *classe* ou prescrites pour l'*étude*, seront, durant le cours de cette année, *analysées* de vive voix ou par écrit. Cet exercice, qui consiste à dégager d'un morceau de médiocre étendue d'abord l'idée dominante , puis les idées accessoires et moyennes, en dernier lieu les expressions les plus remarquables, en notant, au besoin , les défauts du style de l'auteur, contribue singulièrement à augmenter la portée de l'esprit et la justesse du goût.

LXVI.

Langues vivantes.

(Voir la circulaire relative à l'enseignement des langues vivantes, p. 144.)

LXVII.

Histoire moderne.

Avénement des Valois. — Commencement de la guerre de Cent ans. — Édouard III. — Bataille de Crécy. — Siége de Calais. Jean et le Prince Noir. — Bataille de Poitiers. — États généraux. — La Jacquerie. — Paix de Brétigny. Charles V et Duguesclin. — Les grandes compagnies en France et en Espagne. — Renouvellement des hostilités avec les Anglais. — Ordonnance de Charles V. — Grand schisme d'Occident. Charles VI et Richard II. — Troubles en France et en Angleterre. — Avénement des Lancastre. — Assassinat du duc d'Orléans. Les Armagnacs et les Bourguignons. — Henri V. — Bataille d'A-zincourt. — Traité de Troyes. Henri VI et Charles VII. — Jeanne d'Arc. — Traité d'Arras. — La Praguerie. — Fin de la guerre de Cent ans. Allemagne. — La bulle d'or. — Guerre des Hussites. — Fin du grand schisme d'Occident. — Maison d'Autriche : Maximilien. — Les Turcs en Europe. — Bajazet Ier et Tamerlan. — Maho-met II. — Prise de Constantinople. Progrès de la royauté en Europe. — En France, institutions de Charles VII (armée permanente et impôt perpétuel), progrès de l'ordre et du commerce, Jacques Cœur. — Louis XI et Charles le Téméraire.

En Angleterre : Guerre des deux Roses. — Avénement des Tudors.

En Espagne : formation du royaume d'Espagne. — Ferdinand et Isabelle. — Prise de Grenade.

Découvertes maritimes des Portugais et des Espagnols. — Empire colonial des uns en Asie, des autres en Amérique. Conséquences de ces découvertes pour le commerce de l'Europe ; changement des grandes routes commerciales du monde.

Charles VIII et Anne de Beaujeu. — Commencement des guerres d'Italie. — Conquête de Naples. — Bataille de Fornoue.

Louis XII. — Conquête du Milanais. — Jules II. — La Ligue de Cambrai. — La Sainte Ligue. — Bataille de Ravenne.

François Ier. — Bataille de Marignan. — Charles-Quint. — Rivalité de la France et de l'Autriche. — Bataille de Pavie. — Traités de Madrid et de Cambrai.

Suite de la rivalité des maisons de France et d'Autriche. — Soliman le Magnifique. — Henri VIII. — Traités de Crépy et d'Ardres.

Henri II. — Conquête des Trois-Évêchés. — Abdication de Charles-Quint. — Philippe II. — Bataille de Saint-Quentin. — Prise de Calais. — Paix de Cateau-Cambrésis. — Résultat des guerres d'Italie : les peuples qui se disputent la domination de l'Italie viennent y prendre le goût des arts et des produits délicats de l'industrie.

Découverte et influence de l'imprimerie. — La Renaissance en Italie et en France. — Raphaël, Michel-Ange, Jean-Goujon, Philibert Delorme.

La Réforme en Suisse et en Allemagne. — Zwingle et Luther. — Les protestants. — Bataille de Muhlberg. — Paix d'Augsbourg.

La Reforme en Angleterre. — Henri VIII. — Édouard VI, Marie Tudor, Élisabeth et Marie Stuart.

La Réforme dans les Pays-Bas. — Affranchissement des Provinces-Unies. — Philippe II et Guillaume le Taciturne ; richesses et puissances acquises à la Hollande par la liberté dont jouissent ses habitants dans l'emploi de leur activité productive.

La Réforme en France. — Calvin. — François II. — Charles IX. — Guerres de religion. Henri III et la Ligue. — Henri IV. — Fin des guerres de religion ; l'édit de Nantes. — Sully. Prospérité de la France ; ruine de l'Espagne.

Louis XIII. — Le maréchal d'Ancre et le duc de Luynes. — Richelieu. — Lutte contre les protestants et la noblesse ; pacification intérieure.

Guerre de Trente ans. — Paix de Westphalie.

Les Stuarts en Angleterre. — Jacques Ier et Charles Ier. — Révolution de 1643. — Olivier Cromwell.

Géographie politique de l'Europe en 1648.

LXVIII.

Enseignement géographique.

L'enseignement géographique de cette troisième année comprend l'étude de la géographie politique de l'Asie, de l'Afrique, de l'Amérique et de l'Océanie; on commencera, comme l'année précédente par une révision rapide de la géographie physique de ces quatre parties du monde.

LXIX.

Sciences mathématiques, physiques et naturelles.

Cinq leçons par semaine sont consacrées aux sciences, savoir : trois leçons dans le premier semestre et deux leçons dans le second aux *mathématiques appliquées.*

Et, à l'inverse, deux leçons dans le premier semestre et trois dans le second aux *sciences physiques et naturelles* et aux *premières notions de mécanique appliquée.*

Mathématiques appliquées.

1º *Éléments d'algèbre,* comprenant la résolution des équations des deux premiers degrés, les progressions, l'application des logarithmes aux calculs d'intérêts composés et d'annuités. (20 leçons, d'après le programme nº XXXIV (voir p. 58), moins les dix premiers numéros.)

2º *Géométrie dans l'espace,* comprenant les applications au toisé des bâtiments, au cubage des bois, aux déblais et remblais, au jaugeage des fûts, etc. (32 leçons, d'après le programme nº XLII (voir p. 66), dont on écartera les théorèmes sur la symétrie et sur les triangles sphériques.)

3º *Notions de géométrie descriptive,* comprenant la ligne droite et le plan, les sections planes des polyèdres et leur pénétration mutuelle, et la représentation des corps par *plan, élévation* et *coupe.* — 12 leçons, d'après les programmes nᵒˢ XXXVIII (voir p. 62) et XLIV (voir p. 68).

4º *Notions de trigonométrie rectiligne.* On insistera sur les applications à la mesure des hauteurs et des distances de points inaccessibles, etc. — 16 leçons, d'après le programme nº XXXVII (voir p. 61).

Physique, mécanique, chimie, histoire naturelle.

Physique et mécanique, Iʳᵉ partie, comprenant les notions sur le mouvement et sur les forces; la pesanteur, la chaleur, l'électri-

cité et le magnétisme. (40 leçons, d'après le programme XXXIX
(voy. p. 63).

Chimie, 1re partie, comprenant les métalloïdes, les métaux et leurs
alliages les plus usuels. (25 leçons, d'après le programme XL
(voy. p. 65) moins les oxydes et les sels).

Histoire naturelle. 1re partie, zoologie (16 leçons, d'après la 1re partie du programme L (voy. p. 74).

NOTA. On insistera particulièrement sur les applications des sciences physiques qui intéressent le commerce et l'industrie de la
localité.

Exercices de comptabilité.

Ces exercices auront lieu dans l'intervalle de dix heures à midi.
Les élèves y trouveront une révision du cours de l'année précédente et de nombreuses applications aux questions usuelles que
présente la tenue des livres d'une grande maison de commerce.

Deux séances d'une heure continueront à être données à l'*écriture*,
trois séances au *dessin d'imitation* et deux au *dessin linéaire*. On
exercera, dans le dessin linéaire, les élèves à faire des croquis à
main levée d'instruments de physique, de modèles géométriques en relief et d'autres objets réels. Ces croquis seront cotés,
et serviront ensuite à la représentation exacte des objets, d'après
une échelle déterminée.

Le jeudi matin sera employé à des *manipulations de physique et de
chimie* (alternées), dans lesquelles les instruments seront mis à
la disposition des élèves, et les réactions chimiques les plus importantes seront reproduites. Les externes pourront être admis
à ces manipulations moyennant une rétribution spéciale.

QUATRIÈME ANNÉE.

LXX.

Cours de français.

Une heure par semaine sera consacrée à un cours de littérature
française auquel s'ajouteront quelques indications sur les grands
noms des littératures étrangères.

Il sera divisé en trente leçons environ, dans l'ordre qui suit :

Origines de la langue et de la littérature française.
La poésie au moyen âge : Trouvères et troubadours.
Premiers essais de la prose : Joinville et Froissart.
Prépondérance intellectuelle de la France dès le treizième siècle.
En Italie, Dante et Pétrarque ; en Allemagne, les Niebelungen.

La renaissance au seizième siècle : Amyot et Montaigne ; Satire
    Ménippée, Régnier et Malherbe.
Influence des littératures du Midi sur la littérature française : le
    Tasse en Italie ; Cervantès et Lope de Véga en Espagne.
La poésie au dix-septième siècle : Corneille, créateur du théâtre
    français.
Molière, Boileau, Racine et la Fontaine.
La prose au dix-septième siècle : l'Académie française, Descartes,
    Pascal, Bossuet, Bourdaloue, Fléchier et Fénelon.
Mme de Sévigné.
Les moralistes et les auteurs de Mémoires et de romans.
La Bruyère, Retz, Saint-Simon, Lesage.
En Angleterre : Shakspeare et Milton.
Dix-huitième siècle : Voltaire, Montesquieu, Rousseau et Buffon.
Transition du dix-huitième au dix-neuvième siècle : Bernardin de
Saint-Pierre, André Chénier, Mme de Staël, Chateaubriand.
Le grand siècle de la littérature allemande : Lessing, Schiller,
Goethe ; en Angleterre, Byron et Walter Scott ; en Italie, Manzoni ;
    aux États-Unis, Cooper.
Influence des littératures étrangères sur celle de la France ; La-
    martine, Victor Hugo, de Vigny, rénovation de l'histoire : Au-
    gustin Thierry, Guizot et Thiers.

Textes de lecture et d'explication.

Ces textes seront fournis par le programme même de l'histoire
abrégée de la littérature française. Ils seront choisis, avec soin,
parmi les chefs-d'œuvre seulement, afin de n'offrir à l'esprit des
élèves que les modèles les plus irréprochables du goût, de la raison
et de la morale.

Les devoirs seront de même nature qu'en troisième année. On
y joindra des analyses d'ouvrages ou de parties d'ouvrages dont il
aura été parlé dans le cours de littérature.

LXXI.

Langues vivantes.

(Voir la circulaire relative à l'enseignement des langues
vivantes, p. 144.)

LXXII.

Histoire moderne depuis Louis XIV jusqu'à nos jours.

Minorité de Louis XIV. — Mazarin. — La Fronde, ou dernier effort de la réaction aristocratique. — Traité des Pyrénées.

Gouvernement personnel de Louis XIV. — Colbert : réglementation excessive de l'industrie et du commerce; mais en réformant les finances, en épurant la comptabilité, il double les revenus sans augmenter l'impôt, et fournit au roi des ressources qu'aucun autre souverain ne peut alors trouver. — Conquête de la Flandre et de la Franche-Comté. — Traités d'Aix-la-Chapelle et de Nimègue.

Chambres de réunion. — Révocation de l'édit de Nantes et ses suites fatales. — Révolution de 1688 en Angleterre. — Guillaume III. — Coalition contre l'ambition de Louis XIV. — Paix de Ryswick. — Guerre de la succession d'Espagne. — Traités d'Utrecht et de Rastadt. — Misères des dernières années du règne.

Tableau des lettres, des sciences et des arts pendant le règne de Louis XIV.

Charles XII et Pierre le Grand. — La Russie succède à la Suède comme puissance prépondérante dans le Nord.

Louis XV. — Régence du duc d'Orléans. — Law et son système. — Le cardinal Fleury. — Guerre de la succession de Pologne et de la succession d'Autriche. — Frédéric II et Marie-Thérèse. — Progrès du royaume de Prusse.

Guerre de Sept ans. — Perte d'une partie des colonies françaises. — Acquisition de la Lorraine et de la Corse. — Destruction des parlements. — Progrès des sciences.

Partages de la Pologne. — La Russie essaye encore de démembrer la Suède et la Turquie.

Puissance maritime de l'Angleterre. — Empire des Anglais aux Indes orientales.

Système colonial des États modernes fondé sur l'exploitation exclusive de la colonie par la métropole. — Importance commerciale du sucre et du café récemment entrés dans les habitudes des populations européennes. Les produits coloniaux étant payés par des produits métropolitains, l'industrie se relève.

Soulèvement des colonies d'Amérique. — Guerre de l'indépendance des États-Unis. — Traité de Versailles. — L'Angleterre perd des colonies, mais gagne du commerce.

Louis XVI. — Turgot et Malesherbes. — Necker. — Assemblée des notables. — Convocation des États généraux.

Géographie et situation politique de l'Europe en 1789. — État de la France : mécontentement contre les privilégiés ; déficit des finances ; impuissance du gouvernement à se créer des ressources sans faire une réforme politique.

États généraux. — Réunion des trois ordres qui forment l'Assemblée nationale constituante. — Prise de la Bastille ; journées des 5 et 6 octobre. — Constitution de 1791. — Abolition des priviléges et égalité des droits.

Assemblée législative. — Déclaration de Pilnitz. — Guerre avec l'Autriche. — Manifeste de Brunswick. — Journée du 10 août 1792. — Massacres de septembre. — Valmy.

Convention nationale. — Procès et mort de Louis XVI. — La Terreur. — Journée du 9 thermidor. — Campagnes de 1793 et 1794. — Le 13 vendémiaire.

Directoire. — Campagne d'Italie. — Le général Bonaparte. — Arcole, Rivoli. — Traité de Campo-Formio.

Expédition d'Égypte. — Retour de Bonaparte en France. — Journée du 18 brumaire. — Constitution de l'an VIII.

Consulat. — Marengo. — Traités de Lunéville et d'Amiens. — Concordat. — Code civil. — Consulat à vie.

Empire. — Campagne d'Austerlitz. — Trafalgar. — Paix de Presbourg.

Campagne de Prusse : Iéna, Friedland. — Paix de Tilsitt. — Blocus continental.

Commencement de la guerre d'Espagne. — L'Autriche reprend les armes : bataille de Wagram.

Campagnes de Russie, d'Allemagne et de France. — Abdication de l'Empereur.

Première Restauration. — Retour de Napoléon de l'île d'Elbe. — Les Cent-Jours. — Waterloo. — Sainte-Hélène.

Traités de 1815. — Comparaison entre les limites des États européens à cette époque et en 1789. — La seconde Restauration. — Louis XVIII et la Sainte-Alliance.

Révolutions de 1820 en Espagne et à Lisbonne, à Naples et à Turin. — Intervention de l'Autriche en Italie, de la France en Espagne ; prise du Trocadéro.

Le roi Charles X. — L'indemnité aux émigrés. — Intervention en faveur des Grecs. — Bataille de Navarin. — Marche des Russes sur Constantinople. — Traité d'Andrinople.

Prise d'Alger. — Révolution de 1830.

Le roi Louis-Philippe. Fondation du royaume de Belgique. — Nouvelle intervention de l'Autriche en Italie. — Occupation d'Ancône par la France. — En Angleterre, chute du ministère tory et bill de réforme ; en Espagne, défaite du parti cardinaliste ; en Portugal, chute de don Miguel ; en Turquie, le sultan Mahmoud et le pacha d'Égypte. — Intervention des Russes.

En Asie, les Anglais veulent conquérir l'Afghanistan et les Russes le Turkestan. — Guerre de l'opium.

Traité de la quadruple alliance contre la France (1840). — Fortifications de Paris.

Guerre contre le Maroc et bataille d'Isly. — Soumission d'Abd-
el-Kader.

Demandes de réformes. — Révolution de 1848 ; proclamation de
la République. — Le socialisme. — Bataille de juin. — Élec-
tion du prince Louis-Napoléon comme président de la République.

Suites de la Révolution de 1848 en Europe. — Soulèvement de la
Lombardie et des Hongrois contre les Autrichiens. — Bataille de
Novare. — Occupation de Rome par la France.

Rétablissement de l'Empire. — Napoléon III. — Guerre de Crimée ; Sébastopol. — Guerre d'Italie ; Magenta et Solférino. —
Prise de Pékin par une armée anglo-française. — Conquête de
la Basse-Cochinchine. — Prise de Puebla.

Développement rapide, depuis 1815, de la puissance industrielle ;
la science fournit de nouveaux moyens de production. — La
vapeur et l'électricité sont mises au nombre des forces dont
l'homme dirige l'application. La richesse s'accroît dans des proportions et avec une rapidité jusqu'alors inconnues. — Institutions nouvelles de crédits ; liberté commerciale.

Caractère chrétien de la civilisation moderne : nombreuses institutions de bienfaisance. — Diminution du paupérisme et de la criminalité.

LXXIII.

Enseignement géographique.

Limites de la France. — Ligne de partage des eaux. — Chaînes
de montagnes ; ramifications principales. — Division de la France
en versants et en bassins.

Côtes maritimes de Dunkerque à Bayonne et de Port-Vendres à
Menton ; îles, caps et golfes principaux ; embouchures des
grands fleuves. — Départements et villes principales du littoral.
— Ports de commerce ; nature des exportations et des importa-
tions.

Limites de terre : 1° de Dunkerque à Menton et de Port-Vendres à
Bayonne. — Départements situés sur la frontière ; pays limi-
trophes.

Les Alpes et les Pyrénées : cols et ramifications les plus remarquables ; rivières principales qui descendent de ces chaînes de montagnes.

Bassins de la Seine, de la Loire, de la Garonne et du Rhône : partie française des bassins de l'Escaut, de la Meuse et du Rhin.
— Décrire la ceinture du bassin, le cours du fleuve et les prin-

cipaux affluents. — Départements et villes principales qu'arrosent le fleuve et les affluents principaux.

Principaux canaux; mers et rivières qu'ils mettent en communication. — Principaux chemins de fer; leur liaison avec les grands chemins de fer étrangers.

Ancienne division de la France en provinces; capitales. — Origine et but de la division en départements : chefs-lieux des départements et des arrondissements. — Concordance des deux divisions.

Superficie de la France. — Population. — Gouvernement. — Divisions administratives, militaires, ecclésiastiques, judiciaires. — Instruction publique. — Préfectures maritimes.

Agriculture, industrie et commerce. — Revenu et dette. — Armée et marine.

Algérie; limites; chaînes de montagnes. — Divisions administratives; villes principales. — Races, langues, religions, productions, industrie et commerce.

Colonies françaises dans les diverses parties du monde. — Situation. — Villes principales, productions, importance commerciale.

(Pour cet enseignement de l'histoire et de la géographie, voir la circulaire relative à l'enseignement de l'histoire dans la classe de philosophie (p. 141) et celle qui sera bientôt publiée pour l'enseignement secondaire.

LXXIV.

Notions de morale privée et publique.

1. De la morale comme fonds commun de toute éducation.

Des facultés qui appartiennent en propre à l'homme : la raison, la liberté, l'amour désintéressé de l'homme pour ses semblables, l'amour du vrai, du juste et du bien, le sentiment du beau, le sentiment religieux.

Du but élevé que ces diverses facultés assignent à notre existence et de la loi supérieure qu'elles doivent suivre sous la direction de notre volonté.

Du bien moral, ou devoir. — Différence entre le bien et l'utile; cas divers où ces deux principes peuvent se concilier entre eux. — Différence entre le devoir, règle souveraine, et les autres règles ou motifs de nos actions, telles que la prudence, l'usage, etc.

2. Devoirs de l'homme envers lui-même, ou morale individuelle.

Les devoirs de l'homme envers lui-même sont déterminés par sa nature et par la fin à laquelle il est appelé : éclairer son esprit, purifier son cœur, conserver et gouverner son corps en vue des fins morales de l'âme. (Condamnation du suicide, qui est une désertion). — S'exercer à mettre toujours la raison au-dessus de la passion ; conquérir par le travail l'indépendance et la dignité morale ; enfin préparer en son esprit une force intelligente et morale qui donne l'habitude et le pouvoir de compter sur soi.

Courage militaire et courage civil, dévouement, sacrifice. — Tempérance.

La vraie grandeur de l'homme est dans l'accomplissement du devoir ou la pratique de la vertu.

Rapports de l'homme avec la nature et les animaux ; user, ne point abuser.

3. Devoirs de l'homme envers ses semblables, ou morale sociale.

Deux espèces de devoirs : les uns rigoureux ou stricts, qui se rapportent à la justice ; les autres non rigoureux, qui se rapportent à la charité.

Devoirs rigoureux, ou JUSTICE. — Ils supposent la connaissance des droits naturels de l'homme, savoir :

Droit aux garanties que chacun doit trouver dans la société pour son existence ; condamnation du duel.

Droit à la liberté sous la loi ; conséquences funestes de l'esclavage dans l'antiquité et dans les temps modernes.

Droit de jouir des fruits de son travail et du travail de ses auteurs, ou droit de propriété et d'hérédité.

Droit d'adorer Dieu selon ses lumières et sa foi ; liberté légale de la conscience.

De la limite naturelle que chacun de ces droits trouve nécessairement dans le droit d'autrui ; par conséquent, défense pour l'individu de porter atteinte à la vie de son semblable, à sa liberté, à sa propriété ; défense de le blesser dans son honneur et dans sa dignité ; devoirs de véracité et de loyauté.

Le caractère commun à tous ces droits, c'est qu'on peut recourir à la contrainte pour les faire respecter. La loi civile a pour objet d'en régler l'exercice et de punir ceux qui les violent. Donner quelques exemples tirés du Code Napoléon.

Devoirs non rigoureux, ou CHARITÉ. Ils ne constituent pas un droit légal pour celui qui en est l'objet, mais ils sont un des principes essentiels de la religion chrétienne et de la civilisation moderne.

Formule des obligations rigoureuses de la *Justice :* « Ne faites pas à autrui ce que vous ne voudriez pas qu'on vous fît à vous-même. »

Insuffisance de ces devoirs négatifs ou d'abstention ; nécessité des devoirs positifs, ou d'action, qui se résument dans ces deux *préceptes :* « Aimez votre prochain comme vous-même, et faites à autrui ce que vous voudriez qu'on vous fît. » — Il faut la charité pour compléter l'œuvre de la justice ; il faut la justice pour contenir la charité dans le respect du droit et de la liberté.

4. Devoirs de l'homme envers la famille.

La famille, premier fondement de la société et condition nécessaire des mœurs publiques.

De la sainteté du mariage.

Devoirs des parents envers les enfants et fondements de l'autorité paternelle.

Devoirs des enfants envers les parents.

Devoirs des enfants entre eux.

5. Devoirs du citoyen envers l'État :

La société civile, ou l'État, est aussi naturelle et nécessaire que la famille : l'activité intelligente et dévouée est obligatoire pour l'une comme pour l'autre.

Devoirs envers l'État, auquel nous appartenons par notre naissance et par les droits qu'il nous donne, ou devoirs envers la patrie : impôts, service militaire, etc.

Devoirs envers la loi et envers les autorités, le magistrat et le prince, qui en sont les organes ; obéissance pour l'une, respect pour les autres. — La loi étant l'expression de la volonté générale, chacun doit soumettre ses actes même à la loi qu'il juge mauvaise.

Devoirs à l'égard de nos concitoyens.

6. Devoirs et droits des nations entre elles, ou droit des gens.

La justice et l'humanité, vrai fondement des relations internationales.

Progrès de la justice et de l'humanité dans les rapports mutuels des peuples.

Société universelle du genre humain.

7. Devoirs envers Dieu. Du culte religieux.

8. Sanction de la morale :

Le devoir a pour sanction suprême l'immortalité de l'âme et la justice divine.

Observations.

Le cours de morale privée et sociale a pour objet de donner aux élèves la connaissance raisonnée des devoirs que nous avons tous à remplir.

L'apprentissage de ces devoirs commence pour l'homme dès que les premières lueurs de la raison apparaissent en lui, et se prolonge durant toute l'éducation ; il n'est pas un maître ayant le sentiment de sa mission véritable qui ne consacre ses soins à développer dans l'âme le sens moral et l'amour du bien. — Mais ces notions, qui s'acquièrent, pour ainsi dire, au jour le jour, ont besoin d'être coordonnées et présentées dans leur ensemble, avec les motifs qui les justifient, les confirment et les rendent inébranlables aux yeux de la raison. — Tel est le but de ce nouvel enseignement, qui couronnera dignement l'instruction professionnelle.

On a parfois reproché à l'industrie de développer une préoccupation excessive du bien-être matériel et l'égoïsme, c'est-à-dire l'oubli du devoir.

Nous prémunirons nos élèves contre ce danger en leur donnant la forte conviction de leurs obligations morales envers eux-mêmes et envers la société.

Pour cela, il n'est pas besoin de beaucoup de métaphysique ; la science du devoir est bien simple, car Dieu l'a écrite dans notre cœur comme dans notre raison. — Il suffira d'apprendre aux enfants à lire en eux-mêmes.

Ce cours sera donc moins une série de leçons philosophiques qu'une morale en action expliquée par la science, puisque le professeur s'appliquera à faire comprendre les préceptes par des exemples, comme Cicéron le fait si bien dans son beau traité « Des Devoirs. » — La mission que le maître reçoit ici est de ne rien négliger pour fortifier dans le cœur des enfants le respect d'eux-mêmes, la piété filiale, l'amour du pays et l'obéissance aux lois qu'il s'est données.

LXXV.

Cours de législation usuelle.

I. Historique des Codes français.

Explications sommaires ; 1º sur la jouissance, l'exercice et la privation des droits civils ; 2º sur les actes de l'état civil ; 3º sur la puissance paternelle, la minorité, la tutelle et l'émancipation ; 4º sur la majorité, l'interdiction et le conseil judiciaire.

Distinction des biens. — De la propriété et de ses démembrements.

Notions générales sur les obligations,

Règles spéciales aux contrats de vente, d'échange, de louage, de société de prêt et de mandat.

Priviléges et hypothèques.

2. Exposé rapide de l'état de la propriété avant 1789.

Police rurale. — Loi des 28 septembre-6 octobre 1791 (Code rural).

Servitudes agricoles : irrigations, drainage, parcours, vaine pàture.

Dessèchement des marais et des étangs.

Foires, halles et marchés.

Notions générales sur le régime forestier.

3. Nécessité d'une législation particulière au commerce.

Des commerçants et des actes de commerce.

Des livres de commerce.

Contrats et usages. — Règles spéciales aux contrats de sociétés, de commission, de transport et d'assurance, à la lettre de change et au billet à ordre.

Faillites et banqueroutes.

Institutions de crédit : banques ; crédits foncier et mobilier ; docks. — Bourses de commerce.

Importation et exportation. — Traités de commerce.

4. Propriété artistique et industrielle. — Brevets d'invention et marques de fabrique.

Fabriques et manufactures. — Machines et chaudières à vapeur. — Établissements incommodes et insalubres.

Mines, minières, tourbières et carrières.

Grèves et chômages.

Contrat d'apprentissage. — Livrets d'ouvriers. — Travail des enfants.

Monopole et réglementation de certaines industries.

5. Théorie élémentaire des impôts. — Douanes et octrois. — Voirie. — Recrutement militaire. — Expropriation pour cause d'utilité publique.

Organisation judiciaire et administrative de la France. — Sa constitution politique.

De la publication, des effets et de l'application des lois, décrets, arrêtés ministériels, préfectoraux et municipaux.

Observations.

Le cours de législation usuelle a pour but de donner des connaissances nécessaires au citoyen dans toutes les carrières et les notions générales du droit sur les matières que les agriculteurs, les industriels et les négociants ont besoin de posséder.

Les numéros 1 et 5 du programme sont pour les premiers, les numéros 2, 3 et 4 sont pour les seconds.

Quelle que soit la profession qu'on embrasse, on est atteint par les lois fiscales, par l'arrêté du maire, par l'expropriation, par l'hypothèque légale de la femme ou des enfants. Ce sont des questions d'intérêt général qui devront être traitées partout, mais en n'oubliant pas que les élèves des cours professionnels ne sont pas les élèves de l'École de droit.

Pour les matières spéciales, le professeur appuiera davantage et, selon les besoins des localités, développera telle ou telle partie de son enseignement. Il est évident que le cours ne peut ni ne doit être le même à Saint-Etienne et à Nantes, à Chartres et à Lille.

Il sera bon de montrer, toutes les fois qu'on le pourra, l'état antérieur de la législation, afin que nos élèves, en voyant dans le cours d'histoire par combien d'épreuves douloureuses la France a passé, sachent au moins de quel prix ces souffrances ont été payées : la liberté, par exemple, rendue à la propriété; les servitudes personnelles reléguées dans l'histoire; les priviléges abolis; le droit de travailler, jadis droit royal, devenu le droit de chaque citoyen. Il faut rappeler à la France agricole, industrielle et commerciale, ce qu'elle fut, pour lui faire estimer ce qu'elle est et lui montrer ce qu'elle peut devenir par de nouveaux efforts.

Ce cours devra être rédigé brièvement par les élèves, qu'on exercera au style sévère et précis des affaires et du droit.

Le professeur attachera une importance sérieuse à ces devoirs, qu'il corrigera avec soin.

LXXVI.

Sciences mathématiques, physiques et naturelles.

Cinq leçons par semaine sont consacrées aux sciences, savoir .

Deux leçons aux *mathématiques appliquées;*

Trois leçons *aux sciences physiques et naturelles* et à la *mécanique appliquée.*

Mathématiques appliquées.

1º *Compléments de géométrie descriptive,* comprenant les problèmes sur les plans tangents aux cônes, aux cylindres et aux surfaces de révolution, sur les intersections de surfaces, et des notions élémentaires sur les ombres et la perspective linéaire. — 16 leçons, d'après la 2ᵉ partie du programme de géométrie descriptive de la classe de mathématiques spéciales (voy. p. 90) et des notions élémentaires sur les ombres et la perspective linéaire.

2º *Notions sur le nivellement et ses usages.* Application au drainage et à l'irrigation. — 12 leçons, d'après le programme nº XLV (voy. p. 69).

3º *Notions sur les propriétés de quelques courbes usuelles.* (Ellipse, parabole et hélice). — 12 leçons, d'après le programme nº XLIII (voy. p. 68).

4º *Cosmographie.* — 20 leçons, d'après le programme nº XXIX (voy. p. 54).

Physique, Mécanique, Chimie, Histoire naturelle.

Physique et mécanique, 2ᵉ partie, comprenant les transformations de mouvement, le travail des forces et les machines, l'électricité dynamique, l'acoustique et l'optique. — 48 leçons, d'après les programmes XLVII (voy. p. 71) et XLVIII (voy. p. 72).

Chimie, 2ᵉ partie, comprenant les oxydes métalliques et les sels les plus usuels, des notions de métallurgie et les propriétés les plus importantes des matières organiques. — 30 leçons, d'après le programme XLIX (voy. p. 73).

Histoire naturelle, 2ᵉ partie, botanique et géologie. — 20 leçons, d'après la 2ᵉ partie du programme L (voy. p. 74).

Nota. On insistera sur les grandes applications industrielles, et particulièrement sur celles qui ont un intérêt local.

Cinq séances d'une heure continuent à être attribuées aux deux dessins. Dans le dessin linéaire, les élèves seront exercés aux épures de géométrie descriptive, aux croquis cotés à la main levée et aux lavis de machines et d'organes de machines.

Le jeudi sera employé, partie à continuer les manipulations déjà indiquée en 3e année, partie à des visites aux principaux établissements industriels du pays.

LXXVII.

Comptabilité.

Notions sur les expressions les plus usitées dans le commerce : actif, passif d'un négociant. — Avoir, doit, solde. — Crédit, débit. — Bordereau. — Capital. — Effets. — Commission. — Change. — Escompte, etc.

Principales opérations qui accompagnent les actes de commerce ; Reçus. — Lettres de voiture. — Notes. — Factures. — Lettres de change. — Traites. — Mandats. — Billets à ordre. — Endossement. — Aval. — Donner des modèles de ces différentes opérations.

Exercices de correspondance commerciale : circulaires, offres de marchandises, offres de services, lettres de commande, d'avis, de réclamation, etc.

Livres obligatoires de commerce : livre-journal, livre d'inventaire, livre de copies de lettres. — Usage de ces trois livres. — Livres auxiliaires : 1° ceux qui concourent à la formation du livre-journal : livre de caisse, main-courante; 2° livre extrait du journal : le grand-livre; 3° livres destinés à des renseignements spéciaux : livre-magasin, livre copie d'effets, carnet d'échéances, etc. — Usage de ces livres auxiliaires.

Notions générales sur la tenue des livres. — Deux méthodes : partie simple; — partie double.

Premiers exemples propres à faire comprendre les deux méthodes. La seconde a l'avantage de fournir au négociant un contrôle continuel de ses écritures et le moyen de se rendre compte, à un moment donné, de la situation de ses affaires.

Partie simple. — Exercices sur la manière de passer écriture en partie simple : 1° au livre de caisse; ce qu'on appelle *faire* la caisse, *arrêter* la caisse; 2° au livre de main-courante; 3° au livre-journal; 4° au grand-livre. — Rédaction de l'inventaire : on en conclut le montant des bénéfices ou des pertes de l'année.

Partie double. — Des comptes généraux; leur division en classes

(marchandises générales, caisse, effets à payer, profits et pertes,
   mobilier, etc.). — Comptes personnels. — Compte de capital.
Tenue en partie double du livre-journal et de ses auxiliaires. —
   Comment on reporte au grand-livre les articles du journal[1].
Balance mensuelle. — Pointage des livres.
Inventaire général annuel. — Solde des comptes par balance de
   sortie. — Réouverture par balance d'entrée des comptes du
   nouvel exercice.
Notions sur les comptes courants portant intérêt. — Règles aux-
   quelles ils sont soumis. — Leurs effets.

1. Au lieu de présenter aux élèves des exercices d'écritures commerciales indé-
pendants les uns des autres, et par cela même de peu d'intérêt, le professeur
s'attachera à montrer le rôle de chaque livre en suivant tout le mouvement d'une
opération commerciale. Cette opération peut comprendre, par exemple : lettre de
commande, copie de cette lettre, facture, lettre d'expédition, payement des frais
de transport, réception de la marchandise, son entrée au magasin, payement de la
facture, partie au comptant, partie sur effets ; sortie partielle de la marchandise
revendue avec bénéfice ; encaissement du prix de vente ; inscription de ces opérations au livre-journal, au grand-livre, etc., etc.

INSTRUCTIONS MINISTÉRIELLES

RELATIVES AUX PROGRAMMES D'ENSEIGNEMENT SECONDAIRE.

I

Circulaire aux recteurs, relative à la partie scientifique du nouveau plan d'études des lycées.

Paris, 22 septembre 1863.

Monsieur le Recteur,

Avant que le nouveau plan d'études établi par mon arrêté du 12 septembre dernier, conformément au décret du 2 de ce mois, entre en cours d'exécution, je crois opportun de vous adresser un supplément d'instructions qui ne laisse subsister aucun doute sur le but que je me suis proposé et sur les moyens de l'atteindre.

Mon but actuel, le voici :

Fortifier par un enseignement scientifique mieux coordonné et plus solide la culture intellectuelle des élèves de la section des lettres ;

Fortifier et mûrir par l'enseignement littéraire d'une première année d'*humanités*, combiné avec celui des principes *mathématiques*, la culture intellectuelle des élèves de la section des sciences.

Relever ainsi des deux parts le niveau des études.

Je ne m'occuperai dans cette circulaire que des modifications qui sont pour le moment réalisables dans l'enseignement scientifique.

Classe de quatrième. — Les élèves de la division de grammaire continueront à recevoir en quatrième un premier enseignement, comprenant les *éléments d'arithmétique* et des *notions préliminaires de géométrie*. On s'est plaint généralement du peu d'efficacité de cet enseignement : j'ai pensé qu'un nouveau programme était nécessaire.

Le cours d'arithmétique est surtout destiné, dans cette classe, à familiariser les élèves avec *le calcul;* il doit être très-élémentaire, sans cesser cependant d'être raisonné. Les opérations sur les nombres décimaux doivent être présentées comme une simple extension des quatre règles sur les nombres entiers, en sorte que les élèves puissent être mis de bonne heure en présence des exercices intéressants et variés qui dérivent de notre système décimal.

Les notions de géométrie, au lieu d'embrasser, comme par le passé, toute la géométrie plane *conformément au Traité de Clairaut*, seront restreintes aux principales propriétés de la ligne droite et du cercle, présentées dans l'ordre didactique que l'expérience a consacré.

Je n'ai pas la pensée de contester le mérite de l'ouvrage de Clairaut. Il restera dans les mains de nos élèves comme *livre de lecture* : il y a toujours profit à suivre la pensée d'un homme illustre, lors même qu'il s'écarte des voies didactiques, parce qu'un grand esprit laisse son empreinte dans tout ce qu'il touche. Mais, comme *texte* d'enseignement, ce traité ne saurait être conservé. Les professeurs sont unanimes sur ce point : quand l'heure des interrogations arrive, que reste-t-il dans l'esprit des élèves de cette promenade à travers la géométrie? Rien de saisissable.

Et malheureusement, ce n'est pas seulement dans la classe de quatrième, mais aussi dans celle de troisième (lettres), qu'un système d'enseignement géométrique sans rigueur avait prévalu. Le programme n° 22 de l'ancien plan d'études portait en tête ces lignes : « Le professeur s'aidera des éléments de géométrie de Clai« raut : il pourra abréger les démonstrations, et les supprimer au « besoin, en les remplaçant par de simples explications. »

Quel travail le maître peut-il exiger d'élèves qui savent officiellement qu'il leur est permis de *supprimer les démonstrations?* Les épreuves du baccalauréat ès-lettres sont là pour attester la faiblesse extrême des candidats sur toutes les parties du programme des mathématiques.

Je repousse ce mode d'enseignement; il est périlleux, ne fût-ce que pendant un semestre, d'habituer les élèves à se contenter de l'*à peu près* en matière géométrique. Je préfère de beaucoup les initier de bonne heure à l'admirable enchaînement des propositions d'Euclide, enseigner moins de choses, mais enseigner mieux.

En fait, l'inspection générale a constaté, depuis plusieurs années, qu'*aucun* professeur des lycées de Paris ne se conformait aux prescriptions du programme dont je viens de parler; dès les premières années qui suivirent l'établissement du plan d'études de 1852, le traité de Clairaut était délaissé à Paris. Il en est de même aujourd'hui dans la plupart de nos grands lycées de province. Je n'ai pas besoin d'insister, Monsieur le Recteur, sur ce qu'il y avait d'anormal et de grave dans cette situation du corps enseignant, placé en présence de programmes revêtus d'une sanction officielle, et néanmoins passés à l'état de lettre morte. Il était temps que cet abus eût un terme. Vous voudrez bien tenir la main à ce que les nouveaux programmes soient fidèlement suivis; ils obtiendront, je l'espère, la haute sanction d'un avis conforme du Conseil impérial.

Classe de troisième. — Les élèves, qui se séparaient, au sortir de la quatrième, en deux sections, où les lettres et les sciences formaient la base de deux enseignements distincts, resteront désormais réunis dans la classe de troisième, et feront en commun leur première année d'humanités. Les lettres céderont aux sciences une leçon par semaine. L'*arithmétique*, les *premières notions d'algèbre* et la *géométrie plane*, seront l'objet de l'enseignement des deux leçons consacrées aux sciences.

Les élèves apprendront donc, dans cette classe, à manier l'instrument avec lequel on acquiert toute connaissance scientifique, les mathématiques. Quant aux sciences physiques et naturelles, elles sont reportées, pour les élèves de la section des lettres, en philosophie, et pour ceux de la section des sciences, en seconde et en rhétorique. C'est en cela surtout que le nouveau système d'études diffère de celui qu'il va remplacer.

Le régime de 1852, dont je ne veux discuter ici ni les avantages ni les inconvénients, reçut en 1859 un coup funeste, lorsqu'il fut décidé que le baccalauréat ès-sciences serait scindé en deux épreuves, dont *la première porterait sur les sciences physiques et naturelles*, et pourrait être subie à la fin de l'année de seconde. Il résulta de cette mesure que l'enseignement *complet* de la physique, de la chimie et de l'histoire naturelle, dut être échelonné sur les deux premières années de la bifurcation; tandis que les mathématiques, remontant au plus haut degré de l'échelle, étaient en grande partie reportées en rhétorique.

Ainsi, c'est à des élèves de quatorze à quinze ans, ne sachant qu'un peu de calcul, mais étrangers à l'algèbre et aux principes de la géométrie et de la mécanique, que le professeur de physique eut à enseigner les lois de la pesanteur, de l'hydrostatique, de la dilatation des corps, etc. Or, sans mathématiques, on ne peut faire qu'une physique de mauvais aloi; et, sans principes de physique solidement établis, quelle portée peut avoir un enseignement de chimie?

La décadence des études de physique et de chimie n'a pas tardé à devenir manifeste : tous les rapports de l'inspection générale l'ont signalée. Les professeurs se plaignaient de ne plus trouver, comme autrefois, des *élèves* attentifs à leurs cours, mais des *candidats,* aux prises, dès le milieu de l'année de seconde, avec les préoccupations étroites du diplôme, et délaissant l'enseignement général de la classe pour l'étude exclusive du manuel.

Frappé de ces inconvénients, le ministre de la guerre, libre de modifier le système d'études des établissements qui ressortissent à son ministère, interdisait, il y a deux ans, au Prytanée impérial, le baccalauréat scindé, et replaçait l'enseignement des sciences dans son ordre logique : les mathématiques à la base, les sciences physiques au sommet.

Je dois encore appeler votre attention, Monsieur le Recteur, sur une conséquence grave du régime qui va disparaître. Plusieurs professeurs, surtout parmi les nouveaux venus, se voyant obligés d'abaisser leur cours au niveau de leur trop jeune auditoire, en étaient arrivés peu à peu à négliger eux-mêmes les parties délicates de l'enseignement. Ce fait a été surtout remarqué dans les seiences physiques, et on a pu en trouver la trace dans les épreuves de l'agrégation. Ainsi l'affaiblissement des études s'étendait de l'élève au maître.

Il me suffira d'avoir signalé le péril pour que le corps enseignant se garde d'y tomber. Je compte sur les efforts et le bon concours de tous ses membres pour assurer le succès de la réforme qui va commencer. L'État continuera à trouver, au sein de l'Université, une pépinière de jeunes professeurs capables de s'élever au niveau des anciens, et de tenir un jour comme eux, avec distinction, les chaires de mathématiques spéciales et même celles du haut enseignement.

Les professeurs ne perdront pas de vue que les élèves de troisième débutent dans l'étude sérieuse des mathématiques, et qu'une bonne partie d'entre eux ne sera sans doute pas appelée à faire des sciences l'objet spécial de ses travaux. Ils s'efforceront de rattacher toute la classe à leur enseignement. Ainsi, ils éviteront d'accorder trop de développement à l'étude des propriétés des nombres premiers et aux théories de géométrie que les programmes indiquent comme devant être complétées dans l'année de seconde pour la section des sciences. Au besoin, une assistance particulière sera donnée aux élèves qui seront restés en arrière. Il importe aussi que le nombre des élèves de cette classe ne soit pas trop élevé, afin que chacun puisse être l'objet de soins individuels.

Ainsi, ce n'est plus au sortir de la quatrième que les familles ont à se prononcer sur l'aptitude littéraire ou scientifique de leurs enfants. Le cours élémentaire d'arithmétique (ou plutôt de calcul) qui se fait dans cette classe ne peut évidemment fournir des éléments d'appréciation suffisants.

Mais, au sortir de la troisième, après que les élèves auront suivi un cours de géométrie, leurs aptitudes diverses se dessineront mieux : je vous recommande, monsieur le Recteur, de veiller à ce qu'elles soient soigneusement étudiées. Il faut éviter à tout prix que la seconde (sciences), si elle doit être conservée, ne présente le triste spectacle qu'a trop souvent offert, dans ces dernières années, la classe de troisième (sciences), un assemblage hétérogène d'élèves dont le plus grand nombre, sans aptitude scientifique, ne quittaient l'étude des lettres que pour échapper aux leçons et aux devoirs réguliers qu'imposent les classes de latinité.

A cet effet, je désire que le professeur de mathématiques de la classe de troisième dresse, dans le dernier mois de l'année, une liste des élèves qui ne lui paraîtront pas pouvoir être admis, *sans examen*, à passer en seconde (sciences). Cette liste sera soumise au proviseur, et les familles seront prévenues que ces élèves auront à subir, dans la première semaine de la rentrée, un *examen de passage*. L'examen portera sur l'arithmétique, les éléments d'algèbre et la géométrie plane. Il sera fait par une commission composée du professeur de mathématiques de seconde, assisté d'un de ses collègues, sous la présidence du proviseur ou du censeur. Les notes de l'examen de chaque élève seront consignées sur un registre que les inspecteurs généraux se feront représenter dans leur tournée. Je vous prie, Monsieur le Recteur, de veiller à ce que ces examens de passage deviennent très-sérieux et reçoivent une sanction suffisante.

Enseignement scientifique particulier à la section des lettres. Dans la section des lettres, je me suis attaché à rendre à l'enseignement mathématique des classes de seconde et de rhétorique la méthode et la continuité qu'il avait perdues. Les programmes (xxvii et xxix) et les dispositions transitoires qui les accompagnent tracent nettement la marche qui doit être suivie. L'expérience a démontré qu'il n'y a pas de succès à espérer dans l'étude des sciences exactes, et particulièrement de la géométrie, sans plusieurs années d'un enseignement progressif et continu. Désormais, la chaîne des mathématiques ne sera plus rompue en rhétorique par l'histoire naturelle. Les professeurs chargés d'enseigner les sciences en philosophie, ne se plaindront plus de recevoir des élèves étrangers à toute notion sérieuse de géométrie.

Il y avait une catégorie d'élèves très-intéressante qui se trouvait sacrifiée dans l'ancien ordre de choses : je veux parler de ceux qui désiraient poursuivre l'enseignement littéraire jusqu'à la fin de la rhétorique, pour se diriger ensuite vers les écoles spéciales avec un esprit mieux cultivé et plus mûr. L'enseignement scientifique mutilé que ces jeunes gens d'élite avaient reçu dans les classes de lettre, leur rendait l'accès de la classe de logique (sciences) fort difficile. Ils ne pouvaient s'y soutenir qu'avec un travail et des dispositions exceptionnels ; aujourd'hui, ils y arriveront avec une préparation meilleure et des chances de succès plus assurées.

Le cours de cosmographie, qui n'était pas à sa place en seconde, est transporté en rhétorique. Cet enseignement, dont le caractère doit être *essentiellement descriptif*, s'alliera bien aux exercices littéraires de cette classe.

En philosophie, le temps sera partagé par portions égales entre les mathématiques, d'une part, et les sciences physiques et naturelles, de l'autre. Les mathématiques recevront dans cette classe quelques compléments indispensables que la seconde et la rhétorique ne comportaient pas, et seront l'objet d'une révision générale. La physique, la chimie et l'histoire naturelle composeront un enseignement nouveau et complet que les élèves recevront pour la première fois. J'ai lieu d'espérer que la classe de philosophie, ainsi reconstituée, reprendra toute l'importance qui doit lui appartenir dans l'ensemble de nos études.

Vour remarquerez, Monsieur le Recteur, que le programme d'histoire naturelle de cette classe est *le même* que celui de la rhétorique (sciences). Dans les lycées, où l'effectif de ces deux classes sera peu nombreux, vous pourrez autoriser le professeur chargé de l'histoire naturelle à ne faire qu'un seul et même cours aux deux catégories d'élèves réunies.

Enseignement scientifique particulier à la section des sciences. — Dans la section des sciences, le baccalauréat scindé est aboli. L'enseignement des sciences physiques, réparti sur les années de seconde et de rhétorique, s'appuiera désormais sur une forte préparation mathématique. De plus, s'adressant à des élèves plus âgés d'un an (trop jeunes encore peut-être), il pourra plus aisément reprendre son niveau.

Les programmes de chimie, d'histoire naturelle et de mécanique étaient universellement regardés comme trop chargés. En effet, réunis à celui de physique, ils présentaient un nombre total de leçons supérieur à celui des leçons *effectives* que les règlements accordaient aux professeurs. De là une impossibilité matérielle. Dans le régime nouveau j'élague des programmes les détails trop techniques et les notions de *choses*, qui, ne s'adressant qu'à la mémoire, la fatiguent sans profit pour la culture générale de l'esprit. Rien n'empêche d'ailleurs de reporter une partie de ces matières sur l'enseignement professionnel. Sans doute elles ont leur intérêt spécial; mais la question est de savoir si elles sont à leur place dans le système de connaissances générales que nos lycées doivent donner à la jeunesse. Je ne le pense pas.

L'enseignement de la mécanique physique et expérimentale, au lieu d'être reporté tout entier en rhétorique et séparé de la physique, comme par le passé, sera désormais partagé entre les deux années de seconde et de rhétorique, et fera ainsi partie essentielle des deux cours de physique. Cette modification était vivement réclamée par le corps enseignant. Il est impossible, en effet, au physicien d'exposer les lois de la pesanteur, de l'hydrostatique, des attractions et des répulsions électriques, etc., sans s'appuyer sur la composition des forces.

Grâce aux réformes et aux réductions que je viens de vous exposer, beaucoup de difficultés et d'anomalies que présentait l'ancien plan d'études, disparaissent. La préparation au baccalauréat ès-sciences, à la fin de la rhétorique, est mieux assurée qu'elle ne l'était. Aucune atteinte n'est d'ailleurs portée à l'accord heureusement conclu par un de mes prédécesseurs entre les quatre ministères auxquels ressortissent les Ecoles spéciales du gouvernement.

Veuillez communiquer ces instructions à MM. les proviseurs de votre ressort académique.

Recevez, Monsieur le Recteur, l'assurance de ma considération très-distinguée.

Le Ministre de l'instruction publique,

V. DURUY.

II

Circulaire aux recteurs relative au programme du cours d'histoire en philosophie.

Paris, le 24 septembre 1863.

Monsieur le Recteur,

Je vous adresse le programme pour le nouveau cours d'histoire institué dans la classe de philosophie, et qui doit s'étendre depuis 1789 jusqu'à nos jours, afin que ceux qui, dans quelques années, feront les affaires du pays, sachent de quelle manière ce pays a jusqu'à présent vécu.

En rhétorique, le professeur expose déjà dans ses dernières leçons les faits qui se sont accomplis de 1789 à 1815. J'ai jugé nécessaire de reprendre cette étude en philosophie d'une manière rapide. Notre société actuelle, avec son organisation et ses besoins, date de la Révolution, et, pour la bien comprendre, comme pour la bien servir, il faut la bien connaître.

Mais, en faisant cette révision, le professeur se placera à un point de vue différent de celui où il se met en rhétorique. Cette fois, il négligera les événements militaires qu'il a racontés l'année précédente pour suivre de plus près l'enchaînement logique des choses, et montrer la marche incertaine, quelquefois précipitée et téméraire, mais toujours résolue et active, de notre société française vers le but nouveau et légitime de ses impatients désirs : plus de bien-être physique, plus aussi de bien-être moral.

A partir de 1815, le récit reprend son cours, et s'étend successivement, comme nos intérêts, bien au delà de nos frontières. C'est l'honneur de notre pays d'appeler sur lui l'attention des peuples et de faire sentir au loin son influence. Il a tant agi et pensé pour le monde, qu'on trouverait peu de grandes questions européennes qui ne fussent aussi des questions françaises; de sorte que notre histoire ne s'explique bien qu'à la condition d'étudier celle des autres. En outre, les diverses nations de l'Europe, même du monde, deviennent solidaires. Il faut mêler leurs annales, comme elles mêlent leurs intérêts.

J'ai disposé le programme de manière à ce que les événements accomplis dans les différents pays s'éclairent et s'expliquent les uns les autres. A ce sujet, vous aurez, Monsieur le Recteur, à rappeler aux professeurs une des lois de leur enseignement, celle qui les avertit de moins tenir à donner beaucoup qu'à bien choisir ce qu'ils donnent. Vous leur ferez aussi remarquer que je me suis efforcé de porter la lumière plutôt sur les choses que sur les personnes. Les hommes passent, les faits demeurent, et nos enfants n'auront affaire qu'avec les conséquences. Mais pour les faits, il conviendra de ne pas les étudier à la façon de Suétone et de Saint-Simon, mais de les regarder de haut et de loin, bonne manière pour bien voir. On s'arrêtera donc uniquement sur ceux qui sont considérables ou caractéristiques, et que le temps, en les jetant dans son crible, n'a point encore laissés passer et se perdre.

J'ai introduit dans l'histoire des idées et des événements de ce siècle quelques notions d'économie politique. Ce n'est pas à dire que nos chaires doivent se transformer, et que les faits aient à y céder la place aux théories hasardées. Au lycée on ne fait pas de la science nouvelle : on donne la science faite et éprouvée. Or, depuis un siècle que les économistes sont à l'œuvre, ils ont mis en lumière un certain nombre de vérités que personne aujourd'hui ne conteste plus, et dont l'éducation peut déjà s'emparer, au grand profit de nos élèves et du pays.

Tant que la guerre et les intrigues de cour ont été la grande affaire des sociétés, Machiavel et l'histoire-bataille suffisaient. Aujourd'hui il faut autre chose. Les faits économiques ont pris une trop grande place dans notre société pour que l'histoire puisse les négliger, si elle veut rester ce qu'elle doit être : le trésor de l'expérience humaine et la maîtresse de la vie, *magistra vitæ*. L'Angleterre a pu traverser paisiblement une crise épouvantable, parce que ses ouvriers connaissent tout ce que nos jeunes gens ignorent encore : les ressorts si délicats de la production et de la vie économique. Nos misères de 1848 sont venues de cette ignorance.

Grâce à cet enseignement, nos élèves, en sortant du lycée, ne tomberont plus dans l'inconnu. Nous leur aurons montré le terrain où, jusqu'à cette heure, ils marchaient sans guide, et nous les aurons mis en état de comprendre les événements au milieu desquels la vie sérieuse vient les surprendre. Jeter un jeune homme dans la cité sans lui avoir rien dit de l'organisatiou et des nécessités qu'il y rencontre, c'est comme si l'on jetait dans la bataille un chasseur à pied avec l'armement des francs-archers de Charles VII.

Vous connaissez le but de ce cours : éclairer la route où nos enfants s'engagent en devenant hommes ou citoyens.

Quel en sera l'esprit? Un esprit de paix et de justice.

J'ai toujours trouvé à l'histoire une grande vertu d'apaisement. Elle montre par toutes ses leçons que, si l'absolu se trouve dans la vérité religieuse et dans la vérité scientifique, la politique est, comme la loi, une question de rapport, une convenance entre les choses à faire et les choses déjà faites ; que même il faut compter sans les subir, avec les passions, les préjugés, et que la plus grande des forces, c'est la fermeté dans la modération.

L'histoire stimule les timides en leur faisant voir les nécessités impérieuses des choses, et elle calme les impatients en leur prouvant que rien de durable ne s'improvise, que ce qu'il y a de plus dans le présent, c'est toujours du passé, et qu'il faut en tout l'aide du temps, ce puissant maître, comme dit un des nôtres, le vieil Eschyle.

Aussi suis-je convaincu que l'étude faite avec bonne foi des épreuves que nous avons subies depuis quatre-vingts ans est plutôt de nature à apaiser les esprits en les éclairant qu'à les irriter, et qu'elle contribuera à affermir et à améliorer nos institutions plutôt qu'à les ébranler.

Veuillez donc, Monsieur le Recteur, avec la plus active sollicitude, comme j'y veillerai de mon côté par l'inspection générale et par moi-même, à ce que ce cours soit une école de moralité, de respect et de modération : la vérité sur les choses ; partout et en tout une haine vigoureuse pour le mal et pour ceux qui l'ont accompli sciemment, mais des égards pour ceux qui n'ont fait que se tromper, et qui ont servi leur pays avec de l'erreur quand ils croyaient le servir avec de la vérité.

Respectons les hommes qui ont, avant nous, porté le poids du jour, pour que nous soyons respectés à notre tour malgré nos fautes.

Le gouvernement impérial cherche, comme son glorieux fondateur, la réconciliation des partis, et sa plus belle victoire serait de réunir tous ceux que nous ont légués nos révolutions, pour qu'il n'en restât qu'un seul, celui de la France.

Aussi, Monsieur le Recteur, je n'ai pas besoin de vous dire qu'en instituant ce cours nouveau, le gouvernement ne songe pas à faire de tous nos professeurs d'histoire des avocats intéressés et aveugles d'une cause qui n'est plus à gagner.

Quand on n'est qu'un parti, on fausse l'histoire pour la faire servir à ses desseins; mais quand on représente, après les avoir noblement servis, les intérêts généraux du pays et la nation même avec ses aspirations les plus généreuses, on ne craint pas la lumière ni la comparaison avec personne, et on demande simplement la vérité.

Les professeurs d'histoire de votre Académie n'ont donc, Monsieur le Recteur, qu'à s'inspirer pour leur enseignement de ce patriotisme éclairé qui met l'honneur et l'intérêt du pays au-dessus de toutes les questions, et de la fierté légitime que donne l'idée qu'on appartient à une société policée, libre et puissante.

Agréez, Monsieur le Recteur, l'assurance de ma considération la plus distinguée.

Le Ministre de l'instruction publique,

V. DURUY.

III

Circulaire aux recteurs, relative au programme des langues vivantes et aux conférences dans les lycées.

Paris, le 29 septembre 1863.

Monsieur le Recteur,

Je compte vous adresser bientôt des instructions sur divers points de l'enseignement secondaire; mais, comme la fin des vacances approche, et que MM. les proviseurs vont préparer le tableau de la répartition des classes, je vous indiquerai, dès aujourd'hui, quelques réformes qu'il leur est indispensable de connaître à l'avance.

Nous ne devons pas, Monsieur le Recteur, craindre d'avouer que l'étude des langues vivantes n'a, jusqu'à présent, produit que des résultats insuffisants ; nos élèves, à bien peu d'exceptions près, ne savent ni parler ni écrire l'allemand ou l'anglais. Les plus habiles font un thème ou une version ; ils ne sauraient faire une lettre, encore moins suivre une conversation. Comme l'ancienne Université ne connaissait pas cet enseignement, on accuse la nouvelle de ne point l'aimer. S'il en était ainsi, elle ne serait pas de son temps. Avec les relations faciles et multipliées qui se sont établies entre les peuples, la connaissance des langues vivantes est devenue une nécessité, sans compter qu'elle est pour l'esprit un profit et un plaisir. Il y a donc dans cette étude une double utilité pratique et morale que nul de nous ne méconnaît ; mais bien des raisons, qu'il est inutile d'exposer ici, ont amené l'insuccès que nous déplorons. C'est une entreprise à reprendre.

Fixons d'abord le rôle que cette étude doit remplir dans notre système d'éducation. Je ne parle, bien entendu, que de l'enseignement du lycée, et non des cours professionnels, dont je vous entretiendrai bientôt.

Je conviens que les littératures germaniques sont fort belles, et que Gœthe et Shakspeare ont beaucoup à donner à l'esprit français; mais ne faut-il pas réserver surtout pour l'étudiant de nos Facultés cette influence, qui n'aura que des avantages et point d'inconvénients, si elle agit sur des esprits déjà préparés par une culture sévère et dans le sens de nos traditions.

Pour l'élève du lycée, il est bon de le retenir d'abord sous la discipline classique. Nos arts, nos lettres, nos sciences, notre esprit même et nos lois viennent d'Athènes et de Rome. Il faut faire l'esprit des enfants avec ce qui a fait l'esprit des pères.

Ceux de nos élèves pour qui l'on veut le plus haut enseignement de nos lycées doivent avant tout entretenir un commerce de chaque jour avec la Bible, Homère, Hérodote, Horace, Virgile et nos grands classiques nationaux. Mais il est nécessaire de leur apprendre aussi ce que l'on n'apprend bien que dans l'enfance, une langue étrangère, et de leur mettre dans la main cette clef d'or qui leur ouvrira dans la suite des trésors nouveaux.

En un mot, dans l'économie de nos études scolaires, nous enseignons à nos enfants les langues mortes pour leur apprendre à penser, les langues vivantes pour leur apprendre à les parler.

Commençons, pour celles-ci comme pour les premières, de bonne heure et quand les organes encore flexibles se prêtent aisément à prendre toutes les habitudes; en outre, l'exercice, fréquemment répété, étant nécessaire pour donner cette souplesse aux organes, nous composerons nos classes d'un petit nombre d'élèves, et nous rapprocherons le plus possible les leçons. Elles seront courtes aussi, car l'effort pour imiter des sons et retenir des mots fatigue l'esprit par cela même qu'il l'occupe peu. C'est une des raisons de la difficulté qu'éprouvent beaucoup de nos maîtres à maintenir une bonne discipline dans ces classes de langues vivantes, qui durent actuellement deux heures, avec un nombreux personnel d'enfants.

La méthode à suivre est ce que j'appellerai la méthode naturelle, celle qu'on emploie pour l'enfant dans la famille, celle dont chacun use en pays étranger : peu de grammaire, l'anglais même n'en a pour ainsi dire pas; mais beaucoup d'exercices parlés, parce que la prononciation est la plus grande difficulté des langues vivantes; beaucoup aussi d'exercices écrits sur le tableau noir ; des textes préparés avec soin, bien expliqués, d'où l'on fera sortir successivement toutes les règles grammaticales, et qui, appris ensuite par les élèves, leur fourniront les mots nécessaires pour qu'ils puissent composer eux-mêmes d'autres phrases à la leçon suivante.

J'imagine qu'un certain nombre de pages aient été ainsi apprises : ce sont des anecdotes, un récit. Le professeur, à un jour donné, exige que l'histoire étudiée et sue la semaine ou le mois précédent lui soit racontée; il ne fait plus *réciter*, il fait *parler*. A

7

des élèves plus avancés, on imposera comme devoir la lecture attentive d'un morceau plus ou moins étendu, selon leur force, et ils seront tenus d'en rendre compte de vive voix, à l'aide des mots qu'ils y auront trouvés. On fera naître ainsi des conversations véritables et utiles à l'esprit en même temps qu'à la mémoire.

Pour les devoirs écrits, on ne commencera les thèmes qu'au moment où l'on reconnaîtra que les élèves sont en pleine et assurée possession des déclinaisons, des conjugaisons et d'un vocabulaire déjà étendu. Ces thèmes ne porteront que sur les seuls points de la syntaxe, et ils sont en petit nombre, qui offrent des difficultés sérieuses. Les curiosités philologiques et grammaticales seront soigneusement évitées; on les retrouvera suffisamment dans les textes expliqués.

Plus tard, on remplacera les thèmes par des compositions plus ou moins déyeloppées, dont les sujets seront empruntés à des lectures faites en classe à haute voix par le professeur.

Enfin, on n'oubliera pas, pour la prononciation, qu'il faut, comme en toute chose d'éducation, aller du simple au composé, de la syllabe au mot. L'enseignement de la prononciation portant sur des faits purement matériels, il importe peu que le sens de la phrase périsse d'abord, que le mot lui-même soit décomposé en ses éléments syllabiques contrairement aux lois de la synthèse ou de l'étymologie; l'essentiel est que la sensation spéciale que donne le son d'une voyelle ou d'une syllabe arrive nettement à l'oreille de l'enfant, et que ce son puisse être reproduit par ses jeunes organes. Il sera plus tard exercé à mettre dans les mots l'accent tonique, et, dans la phrase, à relever la voix sur les expressions que le sens indique comme les plus importantes.

Dans les compositions, une part sera faite, dans les premiers temps, pour l'habileté de la prononciation, ensuite pour la facilité, plus ou moins grande, à s'exprimer, c'est-à-dire que la composition, comme je l'indique plus bas, donnera lieu à des épreuves orales comme à des épreuves écrites.

En sixième, nos enfants sont déjà, dans une certaine mesure, maîtres de leur langue, familiarisés avec les grammaires française et latine, habitués au travail de la traduction. C'est là que je mettrai nos premières *classes* de langues vivantes, deux par semaine, d'une heure chacune, faites au moment que vous désignerez, avec peu ou point de devoirs écrits pour l'*étude*, mais seulement des leçons à apprendre. Le travail des enfants en sera bien peu augmenté. Je compte, d'ailleurs, le diminuer de divers autres côtés.

Dans les classes de grammaire, les langues vivantes seront obligatoires. On ne peut laisser à des enfants de cet âge le soin de choisir entre les études qui leur conviennent. Mais, au bout de trois années, on aura pu constater l'aptitude des uns ou le mauvais vouloir persévérant des autres. Aussi, dans les classes d'humanités, cette étude deviendra *facultative*. Il n'y a point, en effet. un intérêt public de premier ordre à ce que tous nos élèves sachent une langue vivante, quelques-uns bien, d'autres médiocrement, le plus grand nombre fort mal ; et le dernier cas serait inévitablement le plus fréquent si tous étaient contraints de suivre une étude qui ne peut être profitable qu'à la condition d'être bien faite. Dans les cours classiques, un demi-succès est encore un profit, parce que c'est toujours un avantage d'avoir contemplé, fût-ce de loin, le beau, le juste et le vrai. Mais à quoi servirait-il de sortir du lycée avec quelques mots d'une langue étrangère qu'on oublierait aussitôt ?

En outre, du moment que l'étude des langues vivantes devient facultative, les élèves peuvent être distribués dans les différents cours, non plus d'après le numéro de leur classe, mais d'après leur force constatée.

Avec ce système, plus de ces traînards qui sont notre grand embarras et une cause permanente d'indiscipline. Tous marchent à peu près du même pas, et tous ont à peu près la même bonne volonté, parce qu'ils se sont imposé librement ce travail et qu'ils se trouvent avec des concurrents de force à peu près égale.

Il va sans dire que cette liberté du choix ne s'exerce qu'au premier jour de l'année.

En groupant ainsi les élèves selon leur force, on arrivera à constituer des cours où des élèves manieront assez bien l'instrument nouveau pour qu'ils puissent l'appliquer à des travaux d'un ordre supérieur. Alors, mais alors seulement, cet enseignement peut prendre le caractère littéraire qu'il ne convient pas de lui donner d'abord. Il y faudra, toutefois, cette condition encore, que les professeurs, pour ne pas jeter de perturbation dans les règles de goût que les jeunes latinistes ont déjà apprises et appliquées, montrent à leurs élèves dans les littératures étrangères, non les côtés par où elles diffèrent le plus, mais ceux par où elles se rapprochent davantage des littératures latines et de la grande tradition classique.

Pour les lycées de Paris et de Versailles, je rétablis le concours des langues vivantes en rhétorique et en philosophie. La composition, consistant en un thème et une version qui seront faits dans la même séance, sera corrigée par la commission compétente. M. le recteur, immédiatement et dans la forme ordinaire, prendra connaissance du résultat, et les élèves dont les copies auront été placées aux vingt premiers rangs seront appelés devant une commission qui les soumettra à une troisième épreuve, celle de la langue parlée. Les places définitives pour les prix et les accessits ne seront données qu'après ce dernier examen. Vous chercherez, Monsieur le Recteur, quelles mesures vous croirez pouvoir me proposer pour introduire ce mode de composition dans les concours que je désire voir s'établir régulièrement entre les lycées de votre ressort académique.

Enfin, pour donner une sanction plus sévère encore à cet enseignement, je compte faire, dans la nouvelle réglementation du baccalauréat, une part large et sérieuse aux langues vivantes.

Cet enseignement ne porte, jusqu'à présent, que sur l'anglais et l'allemand ; je ne vois pas pourquoi l'on exclut l'italien et l'espagnol, dont nos provinces du Sud ont besoin. Je comprends, Monsieur le Recteur, l'uniformité de réglementation lorsqu'il s'agit de ce qui doit être commun à tous, l'éducation de l'esprit et du cœur : il n'y a pas vingt manières de préparer dans l'enfant l'homme et le citoyen. Mais pour les études qui sont, dans une certaine mesure, professionnelles, je veux dire celles où le caractère d'utilité pratique l'emporte sur le côté moral, elles doivent varier comme les besoins mêmes. Nous avons institué dans nos soixante et quatorze lycées, même dans les plus pauvres et les moins peuplés, un cours d'allemand et un cour d'anglais. On s'efforce d'enseigner la langue de Schiller à Pau comme à Strasbourg, celle de Byron au Puy comme à Saint-Omer. C'est, je crois, une erreur. Au lieu d'éparpiller nos ressources en hommes et en argent sur tant de points, je voudrais mettre nos grands lycées au complet pour les langues vivantes comme pour le reste, afin qu'ils fussent bien véritablement les maisons modèles de l'éducation nationale. Mais pour les établissements moins importants, une seule chaire suffirait. Vous n'en déterminerez la nature, Monsieur le Recteur, qu'après avoir soigneusement consulté les besoins et les désirs des localités.

Ce changement ne peut se faire dès à présent, parce que son exécution entraînerait des réformes dans le personnel qui ne peuvent s'accomplir qu'avec beaucoup de réserve et de respect pour les droits acquis. Mais je mets la question à l'étude, afin que vous la combiniez avec l'autre réforme que nous avons à faire des cours de commerce annexés à nos lycées. Nos maîtres habiles trouveront là un emploi pour leur activité, et probablement une augmentation pour leur traitement.

J'espère, Monsieur le Recteur, que les professeurs de langues vivantes vont redoubler de zèle en voyant l'intérêt que le gouvernement de l'Empereur attache à relever leur enseignement. Dites-leur bien que mon plus vif désir est de relever aussi leur situation. Les services rendus dans cet ordre d'études seront estimés à l'égal des autres, l'administration étant bien décidée à tenir compte à chaque fonctionnaire, quel que soit son titre, du dévouement et de l'intelligence qu'il met à remplir les fonctions qu'elle lui confie.

Notre professorat des langues vivantes se compose en grande partie d'étrangers, dont plusieurs, avec du mérite, n'ont point l'art de se faire écouter des élèves et de les maintenir dans l'ordre. Pour assurer à ce personnel un recrutement meilleur, on a songé à créer une section des langues vivantes à l'École normale supérieure. Je préférerais de beaucoup, sans repousser les étrangers, accorder à ceux de nos nationaux qui se distingueraient le plus au concours public des langues vivantes le droit et les moyens d'aller passer un an à l'étranger, pour achever de s'y familiariser avec l'idiome qu'ils auraient à enseigner. Peut-être même pourrons-nous rétablir plus tard une agrégation spéciale, allant de pair avec les autres, tout en conservant le brevet d'aptitude, qui alors jouerait le rôle de la licence dans les autres ordres d'enseignement. Mais ces réformes tiennent aussi à celle de l'enseignement professionnel, et je ne fais que les indiquer en passant, pour vous demander, à ce sujet, votre avis.

Les cours de langues vivantes devant se faire désormais dans l'intervalle des autres classes, l'enseignement des lettres et des sciences va bénéficier, à partir de la troisième, d'une classe par semaine. Mais, d'autre part, je supprime les conférences, qui prenaient, et sans beaucoup d'utilité, le temps des maîtres et des élèves ; elles ne subsisteront que dans les conditions suivantes :

1º On maintiendra dans les classes de grammaire les répétitions telles qu'elles sont définies par la circulaire de mon prédécesseur, en date du 5 août 1857, où se trouvent ces mots : « Les répétitions ont pour but d'aider la faiblesse de l'élève et de combler les lacunes de son instruction. Elles s'adressent exclusivement à ceux qui ne peuvent suivre sans secours la marche de la classe. » J'ajoute que ces répétitions perdraient leur caractère et leur utilité, si elles s'adressaient à plus de quatre ou cinq élèves. Ce n'est pas une classe nouvelle qu'il s'agit de faire, mais un secours individuel qu'il faut donner. MM. les professeurs auront, du reste, deux moyens de se dispenser de recourir à ces répétitions : la sévérité dans les examens de passage, et, dans leur classe, la plus vive sollicitude pour tous les élèves, sans distinction des bons et des mauvais, de manière à ce qu'ils soient tous entraînés, et qu'on ne trouve point parmi eux de ces traînards qui tomberaient nécessairement à la charge de la répétition.

2º On maintiendra les interrogations scientifiques, parce que le professeur n'a point le temps d'en faire suffisamment en classe, et que, pour ces étndes, il est nécessaire de s'assurer que les élèves tiennent bien tous les anneaux de la chaîne ; un seul brisé, tout est perdu.

3º Les élèves de philosophie et ceux qui se destinent aux Écoles spéciales, c'est-à-dire tous ceux qui voient un examen au bout de leur dernière année d'études, trouveront, comme par le passé, des conférences pour la révision littéraire, historique, philosophique et scientifique dont ils ont besoin.

4º Dans les autres classes d'humanités, on conservera les répétitions qui serviraient, d'une façon exceptionnelle et temporaire, à remettre au courant de la classe un élève que la maladie ou une absence forcée aurait fait tomber à une trop grande distance de ses camarades.

Hors de là, ni conférences ni répétitions.

Rien n'est innové, d'ailleurs, quant au nombre d'heures dues au lycée par chaque fonctionnaire.

La prochaine réorganisation de l'enseignement professionnel vous permettra, si cela est nécessaire, d'employer d'une manière fructueuse ce qui resterait de temps légalement dû. Je connais trop bien l'esprit du corps enseignant pour n'être pas certain que, si MM. les professeurs répugnaient à un labeur ingrat, ils iront d'eux-mêmes au devant d'un travail utile dont ils seront les premiers à reconnaître la néeessité.

Agréez, Monsieur le Recteur, l'assurance de ma considération la plus distinguée.

Le ministre de l'instruction publique,

V. DURUY.

IV.

Circulaire aux Recteurs relative à l'euseignement professionnel.

Paris, le 2 octobre 1863.

Monsieur le Recteur,

Lorsqu'il n'y avait, chez nos pères, qu'une forme de la richesse, la propriété foncière, et que la France entière, ou du moins tout ce qui était compté, tenait dans Versailles, il était naturel que l'on ne connût qu'un système d'éducation : celui par lequel fut formée cette société polie, élégante, raffinée, qui donna le ton à toutes les cours de l'Europe.

Le principe de cette éducation était l'étude prolongée des écrivains que nous appelons classiques. Mme de Sévigné savait le latin, et bien d'autres grandes dames de son temps le savaient comme elle. C'est en se trempant dans la source féconde de l'antiquité latine et grecque que l'esprit français acquit cette mesure, cette haute raison et cette clarté incomparable qui lui ont valu l'empire pacifique de l'Europe.

Conservons précieusement ces nobles études qui ont fait la France moderne et son glorieux génie; mais aussi suivons le monde du côté où il marche.

Or nous avons vu de nos jours naître la grande industrie et se former une richesse immense qu'autrefois on ne connaissait pas. En face de la propriété foncière, il existe maintenant pour quatre vingts ou cent milliards de valeurs mobilières, au lieu des vingt cinq à tente milliards qui formaient notre avoir mobilier en 1830. La France a bien, aujourd'hui, 150 000 usines, 1 500 000 ouvriers de fabrique, sans compter cinq millions d'hommes et de femmes occupés par la petite industrie ou le commerce, et 500 000 chevaux-vapeur, qui peuvent représenter le travail de dix millions d'hommes, et ses échanges se sont élevés, en 1861, à cinq milliards cinq cents millions.

Ce grand labeur, c'est la main qui l'exécute, mais c'est la tête qui l'a conçu et dirigé. Il n'a pas exigé seulement une dépense de force, mais une dépense d'esprit. Pour le rendre productif, il sera bien de décupler notre outillage, il sera mieux encore d'accroître l'intelligence qui met toute cette force en action.

Voilà comment les questions d'enseignement sont devenues des questions de fortune publique.

Le nombre des professions s'est accru en même temps que la diversité des sources d'où provient le capital national. Autrefois on était de sa corporation et l'on n'en pouvait sortir : aujourd'hui, comme nos soldats ont dans leur giberne un bâton de maréchal de France, ceux qui, dans l'industrie, le commerce ou l'agriculture font des actions d'éclat ou de glorieuses campagnes, voient s'ouvrir devant eux la route des honneurs suprêmes, ou plutôt des grands devoirs publics.

Comment pourrons-nous faciliter cette élévation progressive des plus dignes, des *meilleurs*, suivant l'expression antique? Comment ferons-nous circuler dans le corps social une séve toujours plus féconde? Par l'enseignement qui sera donné aux jeunes générations.

L'Université a depuis longtemps reconnu ce besoin des temps nouveaux. Elle a bien compris que, tenant en ses mains l'avenir du pays, elle devait être à la fois conservatrice et progressive, comme le pays lui-même et comme le bon sens. Si elle a parfois résisté, ainsi que son glorieux fondateur le lui conseillait, « aux petites fièvres de la mode, » elle n'a jamais repoussé les enseignements nouveaux que le vœu public ou les besoins de l'État lui recommandaient. Ainsi l'enseignement dit professionnel n'a pas cessé depuis quarante ans d'être l'objet de ses méditations et de ses expériences.

Cet enseignement, institué par le décret du 15 septembre 1793 et organisé dans les écoles centrales par celui du 7 ventôse an III,

« Indépendamment des écoles primaires dont la Convention s'occupe, il sera établi dans la République trois degrés progressifs d'instruction : *le premier pour les connaissances indispensables aux artistes et ouvriers de tous genres ;* le second pour les connaissances ultérieures nécessaires à ceux qui se destinent aux autres

avait été restreint par la loi du 11 floral an x et détruit par le décret du 17 mars 1808, qui supprima les écoles centrales[1]. Mais, en 1821, cette pensée fut reprise et la *bifurcation* commença : il fut alors décidé que les élèves pourraient, au sortir de la troisième, entrer dans un cours spécial.

Huit ans après, un véritable enseignement professionnel fut organisé au collége royal de Nancy « en faveur des élèves qui, après avoir suivi les premières années des cours actuels, veulent se livrer au commerce, aux divers arts industriels ou à une profession quelconque pour laquelle l'étude approfondie des langues anciennes n'est point indispensable. » Le programme comprenait : le français, les mathématiques, la physique, l'histoire, la géographie commerciale, le dessin, l'écriture perfectionnée.

Après 1830, le gouvernement royal continua l'application du principe posé par la décision de 1829 ; l'enseignement professionnel fut organisé dans les colléges royaux de Versailles et la Rochelle ; le statut du 5 mars 1847 décida même qu'il serait constitué dans tous les colléges royaux et communaux. Cette fois, la bifurcation était reportée après la quatrième.

La loi du 15 mars 1850 considéra cet ordre d'études comme faisant désormais partie de notre système d'éducation, et se contenta d'imposer au ministre, par l'article 62, l'obligation de constituer des jurys spéciaux pour l'enseignement professionnel[2].

professions de la société; et le troisième pour les objets d'instruction dont l'étude difficile n'est pas à la portée de tous les hommes. » (Décret du 15 septembre 1793.)

1. Dans les écoles centrales, sur quatorze professeurs, deux seulement étaient chargés des belles-lettres et des langues anciennes.

2. La discussion à laquelle l'article 62 donna lieu ne laissa aucun doute à ce sujet. Le projet de loi était muet sur l'enseignement professionnel, que l'on considérait comme implicitement compris dans l'enseignement secondaire. MM. Ferdinand de Lasteyrie et Wolowski réclamèrent énergiment en sa faveur et demandèrent que le Ministre de l'instruction publique fût invité à l'organiser. Sans attaquer le principe même de l'organisation d'un enseignement nouveau, M. Baze, rapporteur de la commission, critiqua comme vague le mot « professionnel » et proposa la rédaction suivante :

« Le Ministre *peut*, sur l'avis du Conseil supérieur, instituer des jurys particuliers pour les enseignements spéciaux. »

Mais MM. de Lasteyrie et Wolouski combattirent cette proposition :

1° « Ils voulaient que le Ministre instituât des jurys pour l'*enseignement proessionnel*, et non pour ce que le projet appelait des enseignements *spéciaux;*

2° « Ils voulaient, de plus, que cette institution fût une *obligation* et non une *faculté* pour le Ministre. »

Sur le premier point, M. de Lasteyrie établissait les différences qui existent entre l'enseignement professionnel et les enseignements spéciaux.

Il demandait un enseignement général préparant les jeunes gens à toutes les professions sans distinction, sauf à eux à se choisir une spécialité plus tard. Il ne voulait pas d'une préparation particulière à telle ou telle école, à telle ou telle profession. Son système se résumait en ces mots : l'enseignement professionnel sera un enseignement secondaire des sciences et des arts parallèle à l'enseignement secondaire dans les lycées.

Sur le second point, il rejetait la formule de la commission : « Le Ministre peut instituer. » « Je voudrais, disait-il, que ce fût une garantie fixe, et non pas une garantie éventuelle, arbitraire, dépendant de la volonté du Ministre. Je voudrais,

Pour exécuter ce mandat, une commission fut instituée, le 4 juin suivant, sous la présidence de M. Thénard, dans le but de préparer l'organisation de l'enseignement « spécial ou professionnel, » mais aucun projet ne sortit de ses délibérations. Toute l'attention de l'Administration universitaire était déjà portée sur un nouveau plan d'études, et l'on délaissa la bifurcation naturelle, entrevue par le législateur de 1793 et de l'an III, prescrite par celui de 1850, pour la bifurcation artificielle de 1852.

Il y a cependant une telle force des choses qu'au moment où elle était officiellement abandonnée, cette bifurcation naturelle s'établissait d'elle-même partout. Sous des noms différents, l'enseignement professionnel s'introduisait dans 64 de nos lycées sur 74 et dans presque tous les colléges communaux ; le sixième de nos élèves y passait. « C'est une marée montante, » écrivaient, il y a deux ans, à M. le Ministre de l'instruction publique, des inspecteurs généraux qui constataient l'augmentation progressive de cette partie de la population scolaire, « c'est une marée montante à laquelle il faut ouvrir un large lit. »

Mais il ne faut pas reculer devant un aveu nécessaire. Par la timidité des essais, par l'incertitude des idées sur les besoins à satisfaire et les meilleurs moyens d'y pourvoir, surtout, en ce qui nous concerne, par le manque d'une dotation spéciale, cet ensei-

de plus, que lorsqu'un citoyen, lorsqu'une ville se propose d'établir un collége professionnel, il ne dépendît pas de la volonté du Ministre de lui imposer les conditions qu'il lui plairait ; que les conditions fussent fixées d'avance, comme pour toutes les autres branches de l'enseignement. Au lieu de dire que le Ministre *peut* instituer un jury spécial, je voudrais que la commission nous concédât que le Ministre instituera un jury spécial, que ce ne fût pas quelque chose de *facultatif*, mais quelque chose de *positif*. »

Aux objections de M. Baze M. Wolowski répondit :

« Le projet de loi restreindrait le domaine de l'enseignement professionnel tel qu'il existe aujourd'hui. Il existe des écoles primaires supérieures ; c'est une mauvaise dénomination qui a nui à cette branche d'enseignement ; mais enfin elle s'applique à des écoles qui préparent les jeunes gens pour des carrières agricoles, industrielles et commerciales. Nous croyons qu'il est indispensable que la loi nouvelle donne le droit de cité d'une manière complète, d'une manière formelle et expresse, à l'enseignement professionnel.

« Le mot *d'enseignement professionnel* est passé dans la langue, adopté par l'usage, et indique une chose parfaitement définie par la conscience publique.... Tout le monde tient à ce que cet enseignement soit étendu ; c'est pourquoi nous insistons sur le maintien du terme que nous avons proposé, comme nous insistons également sur *l'obligation* que nous voudrions voir insérer dans la loi. Quant à la formation de jurys spéciaux, elle ne doit pas être remplacée par une simple faculté *donnée au gouvernement* ; cela ne suffit pas.

« Pour conquérir le monde de la nature, il faut nécessairement que les études professionnelles, c'est-à-dire celles qui peuvent conduire à pratiquer avec plus d'utilité et d'avantage les professions commerciales, industrielles et agricoles, soient plus répandues qu'elles ne le sont maintenant. Pénétrés de cette nécessité, nous avons demandé l'introduction dans la loi organique de l'enseignement d'une manière définitive et sérieuse, du principe de l'enseignement professionnel. »

Les deux modifications demandées par MM. de Lasteyrie et Wolowski furent adoptées : c'est leur amendement qui constitue aujourd'hui le § 4 de l'article 62.

gnement ne donnait, à bien peu d'exceptions près, que des résultats stériles.

Sans pousser trop loin le goût de l'uniformité, on pouvait se plaindre de trouver dans ces cours, pour les programmes, les méthodes et la durée des études, les disparates les plus étranges. Comme l'autorité supérieure n'a jamais déterminé nettement le but à atteindre, on était allé partout à l'aventure.

En outre, dans la plupart des lycées, on ne possédait ni des locaux appropriés ni les collections, les instruments et les laboratoires nécessaires ; et les ressources financières faisant défaut, l'insuffisance des traitements avait trop souvent pour conséquence l'insuffisance des maîtres.

Mon prédécesseur voulut porter remède à ce désordre et donner une satisfaction sérieuse aux désirs des familles et aux besoins de la société en transformant une grande inutilité en une institution régulière et puissante.

En juin 1862, M. Rouland constitua, sous la présidence de M. Dumas, une commission nombreuse et active, dont les conclusions furent soumises à l'examen du comité des inspecteurs généraux et du conseil impérial.

Dès mon entrée au ministère, j'ai repris et continué ce travail; aujourd'hui je vous adresse, monsieur le recteur, les programmes que je viens de rédiger pour cet enseignement à la fois si ancien et si nouveau.

Avant qu'ils deviennent définitifs, il faut que le Corps législatif ait accordé les crédits nécessaires à la transformation qu'ils supposent, et j'ai besoin moi-même de les soumettre au conseil impépérial de l'instruction publique. Or, les crédits ne peuvent être accordés que pour 1865, et le conseil ne peut se réunir avant la rentrée des classes. Cependant, je ne voudrais par perdre une année encore; j'ai hâte de porter remède à un état de choses qui, sur de certains points, est affligeant, et que nous pouvons déjà améliorer beaucoup avec nos seules ressources. Chaque maison a été laissée libre jusqu'à présent de régler elle-même l'organisation des cours annexés; voyez, monsieur le recteur, ce que vous pouvez prendre dès maintenant dans les programmes que je vous envoie eu vue d'ordonner mieux cet enseignement : ce sera pour eux une première épreuve, et les observations que vous ne manquerez pas de m'adresser serviront à les amender lorsqu'ils seront présentés au conseil impérial.

Le système que je propose est bien simple : sur la base élargie et consolidée de l'enseignement primaire s'élèveront parallèlement les deux enseignements secondaires : l'un classique, pour les carrières dites libérales; l'autre professionnel, pour les carrières de l'industrie, du commerce et de l'agriculture.

La même maison pourra les réunir sans les confondre, la même administration les régir et les surveiller, et les mêmes professeurs, aidés des meilleurs maîtres que fourniront l'enseignement primaire et les carrières professionnelles, suffire à ces deux enseignements qui, d'ailleurs, resteront parfaitement distincts.

Refuser de les admettre dans la même enceinte, ce serait d'abord détruire les écoles actuelles qui, défectueuses dans leur ensemble, peuvent cependant fournir d'excellents matériaux pour une construction nouvelle; ce serait, de plus, nous mettre dans la nécessité d'improviser un personnel administratif et enseignant que nous n'avons pas, et de demander au Corps législatif 50 ou 60 millions peut-être, pour bâtir et pourvoir 89 maisons nouvelles, à ne compter qu'un seul collége français par département.

Ce que l'économie nous engage à faire, beaucoup d'autres raisons nous conseillent de l'exécuter.

Le lycée est une institution nationale et un des symboles de cette égalité que notre pays aime tant. On pourrait souhaiter que les familles, comme en d'autres contrées, gardassent plus longtemps leurs enfants auprès d'elles; mais elles préfèrent les confier de bonne heure aux maisons de l'État, de la commune ou des particuliers, et il faut compter avec cette habitude. On vient donc au lycée de tous les rangs de la société. Si pour nos deux ordres d'enseignement nous établissons des maisons séparées, l'un des deux sera nécessairement considéré comme inférieur à l'autre. Une division qui ne répond pas à une distinction sociale s'établira entre les élèves, et bien des familles, plutôt que d'envoyer leurs fils à un établissement spécial placé plus bas dans l'opinion publique, continueront, par une vanité dont le principe est respectable, de mettre dans les classes latines des enfants que n'y appellent ni leurs aptitudes ni la profession qui les attend. Ainsi nos cours classiques sont encombrés d'élèves qui ne seront jamais que de mauvais lettrés, parce que leurs aptitudes ne sont pas de ce côté, et qu'on aurait pu préparer à devenir de fort bons négociants.

Notre France a été si profondément pénétrée de l'esprit latin qu'il y existe un préjugé contre l'enseignement pratique. Ce préjugé ne pousse pas à mieux faire des études classiques, mais il empêche de bien faire des études usuelles. Nous devons le combattre en mettant les deux enseignements sur le même pied, en faisant vivre sous la même discipline, dans une égale communauté de goûts et de sentiments, des enfants d'origine et de destination différentes.

Ce contact profitera aux uns et aux autres. Il est bon que ceux qui seront plus tard agriculteurs, industriels, magistrats ou médecins, aient vécu dans l'intimité du collége et gagné ensemble les mêmes récompenses, en attendant qu'ils gagnent celles que l'État réserve à tous les représentants distingués des diverses professions sociales.

De cette manière, le lycée restera ce qu'il doit être, le lieu où l'on se prépare par la culture générale et désintéressée de l'esprit au grand combat de la vie, mais aussi le lieu d'où partent toutes les routes qui mènent à la considération publique, aux honneurs, à la fortune.

Le nouvel enseignement professionnel, qui aura une durée de quatre années, et gardera les enfants de douze à seize ans environ, comprendra les matières suivantes : l'instruction religieuse, la langue et la littérature française, les langues vivantes, l'histoire et la géographie, des notions élémentaires de morale privée et publique, de législation à l'usage des agriculteurs, des commerçants et des industriels, et d'économie industrielle et rurale, la comptabilité, la tenue des livres, les mathématiques appliquées, la physique, la chimie et l'histoire naturelle avec leurs applications à l'agriculture et à l'industrie, le dessin linéaire, le dessin d'ornement et le dessin d'imitation, la gymnastique et le chant.

L'uniformité des programmes ne fera pas obstacle aux études particulières que réclameront les industries locales. Déjà, au lycée du Puy, les élèves professionnels reçoivent des leçons pour le dessin des dentelles en vue du commerce particulier à cette ville. A la Rochelle, on leur donne des notions d'hydrographie et de construction navale. Dans la vallée du Rhône, on prendra plus de temps pour ce qui concerne l'industrie de la soie; ailleurs pour les applications de la science à la métallurgie ou aux exploitations agricoles. Dans nos grandes villes maritimes, la géographie et la législation commerciales seront étudiées de plus près. Partout on apprendra les langues vivantes, non pour les curiosités philologiques, mais pour l'usage immédiat.

Afin de mettre l'autorité supérieure en garde contre ce désir de réglementation uniforme que deux siècles de centralisation énergique lui ont donnée, je proposerais d'instituer, auprès de chacun de nos collèges français, un conseil de perfectionnement, composé non-seulement des représentants de l'enseignement et de l'administration, mais aussi de quelques-uns des chefs du commerce et de l'industrie de la localité. Ces conseils, par les vœux qu'ils pourront émettre chaque année, fourniront certainement de précieuses indications à l'autorité ministérielle et intéresseront plus directement les villes au succès d'un enseignement dont elles seront les premières à profiter.

Nous excluons de nos écoles nouvelles les exercices d'atelier, parce que l'administration de l'instruction nationale n'est pas celle des travaux publics. Elle ne fait pas des mécaniciens, des mineurs, des contre-maîtres; mais puisque l'industrie, le commerce et l'agriculture exigent chaque jour plus d'intelligence, de savoir et d'art, puisque c'est même le caractère spécial de l'industrie française que la valeur de ses produits dépende moins du prix de la matière première que de l'art et du goût qui en ont modifié la forme, l'Université a son rôle dans cette éducation de l'esprit, qui doit précéder celle de la main. Si elle n'enseigne pas une profession déterminée, elle préparera à toutes les professions. Ainsi, le bon laboureur arrache soigneusement de sa terre les herbes mauvaises, et la retourne profondément, afin qu'elle se baigne d'air et de soleil, avant même de savoir quel grain il y jettera pour la moisson prochaine.

Mais, si l'on ne doit trouver dans nos écoles ni le ciseau, ni le tour, ni la lime, et seulement les applications pratiques des sciences, en revanche, au sortir du laboratoire de chimie et du cabinet de physique, on y entendra parler, aussi bien que dans l'enseignement classique, des beaux génies qui sont l'honneur de la France, des grandes choses que nos pères ont faites et de celles que notre génération a vues s'accomplir : on apprendra à aimer notre société et nos lois, en les connaissant mieux, et à côté de l'enseignement religieux, qui a sa place indispensable dans toute maison d'éducation, nous mettrons cette morale humaine, moins haute, mais nécessaire encore pour marquer à chacun les obligations que la famille et la société lui imposent, ses devoirs d'homme et de citoyen.

Comme couronnement des études littéraires, le lycée classique a la philosophie ; comme complément des études secondaires professionnelles, le collége français aura le cours de morale privée et publique.

C'était la pensée de Turgot, lorsqu'il proposait à Louis XVI de séculariser la morale dans l'enseignement public, « d'instruire le peuple de l'intérêt du lien social, des droits, des devoirs qui l'attachent à la patrie, et de lui faire acquérir les connaissances nécessaires pour vivre en bon fils, en bon père, en bon administrateur dans sa famille, en bon citoyen et en bon sujet dans l'État[1]. »

C'était la pensée aussi du général Bonaparte, lorsqu'il mettait dans son plan d'études pour les écoles maltaises. en 1798, qu'on enseignerait aux enfants « les principes de la morale et de la Constitution française. » C'était encore l'opinion de Napoléon Ier, lorsqu'il voulait, en 1808, que « l'Université fût la gardienne de la morale et des principes de l'État. »

Tout enseignement doit avoir une sanction, comme tout travail mérite sa récompense.

Je voudrais qu'il fût institué pour les écoles professionnelles un diplôme ès arts, qui serait délivré après examen et avec solennité

---

1. Il disait encore au roi : « Sans mettre aucun obstacle (et bien au contraire) aux instructions dont l'objet s'élève plus haut, et qui ont déjà leurs règles et leurs ministres, je crois ne pouvoir rien vous proposer de plus avantageux pour votre peuple, de plus propre à maintenir la paix et le bon ordre, à donner de l'activité à tous les travaux utiles, à faire chérir votre autorité, et à vous attacher chaque jour de plus en plus le cœur de vos sujets, que de leur faire donner à tous une instruction qui leur manifeste bien les obligations qu'ils ont à la société et à votre pouvoir qui la protége, les devoirs que ces obligations leur imposent, l'intérêt qu'ils ont à remplir ces devoirs pour le bien public et pour le leur propre. »

par un jury spécial, non à tous les élèves, mais aux plus méritants. Il y aura lieu d'examiner plus tard si ce diplôme ne pourrait ouvrir l'accès à de certaines carrières, comme celles qui dépendent des finances, du commerce et des travaux publics; ou de quelques administrations spéciales, telles que l'assistance publique, la voirie, les télégraphes. Mais lors même que nul privilége n'y serait attaché, je ne douterais pas qu'il ne conquît bien vite celui que confèrent l'estime et la confiance publiques.

La masse de la nation étant notre grande réserve d'intelligence comme de force, il ne serait ni juste ni politique d'interdire absolument aux élèves des cours de français l'accès de nos grandes écoles. S'il venait à se révéler parmi eux des vocations remarquables, il importerait que l'État et la société pussent bénéficier de ces aptitudes en les perfectionnant. La porte resterait donc ouverte à l'élite de ces jeunes gens pour monter, s'ils le pouvaient, à un enseignement supérieur. Quelques soins particuliers feraient exceptionnellement rentrer les mieux doués dans le grand courant des études supérieures.

Vous remarquerez, monsieur le recteur, que les programmes ont été disposés de manière à ce que chaque année soit, en quelque sorte, indépendante de la suivante et offre un enseignement complet en soi; sans doute l'élève saura davantage en restant jusqu'au bout du temps normal des études; mais si un intérêt de famille l'oblige d'interrompre son éducation après la première, la seconde ou la troisième année, ce qu'il aura appris dans chacune d'elles formera pour lui un fond de connaissances qui n'auront pas besoin d'un complément ultérieur pour être déjà utiles.

Vous connaissez maintenant, monsieur le recteur, dans ses dispositions principales, la réorganisation que je désire entreprendre; il faut encore en bien saisir l'esprit.

Avec nos élèves classiques, on se contente souvent de la théorie. Avec les élèves professionnels, en insistera sur la pratique. Rien ne sera donné à la spéculation pure; au lieu de se borner à faire expliquer aux élèves l'anglais et l'allemand dans les livres, on les leur fera parler. On les mènera au laboratoire de chimie pour faire des manipulations, sur le terrain pour lever des plans, à la campagne pour étudier certaines cultures, dans les usines pour voir fonctionner les appareils. L'enseignement, en un mot, sera dirigé dans un esprit d'application.

J'ajoute qu'il le sera aussi dans un esprit national. On a quelquefois accusé les cours classiques, où l'on montre sans cesse les idées et les institutions de la Grèce et de Rome, de faire des Grecs et des Romains plutôt que des hommes de notre temps. Ce reproche ne pourra être adressé aux cours professionnels, puisqu'il n'y sera question de la Grèce et de Rome que par hasard, de la France continuellement. Les élèves, en étudiant notre langue et ses chefs-d'œuvre, notre histoire et les grands exemples qu'elle fournit; en voyant, par le détail de la géographie, tout ce que notre pays a de ressources, de produits variés et de cités florissantes ; en remarquant, dans les notions de législation qui leur seront offertes, la conformité de nos lois civiles avec la raison du temps et la morale éternelle ; en retrouvant ainsi, sur toutes les voies où leur intelligence sera conduite, la patrie présente et glorieuse, les élèves ne pourront manquer de la bien connaître, de l'aimer, et plus tard de la bien servir.

Bacon disait : « Dieu prend soin du monde, à nous de prendre soin de la patrie. »

J'ai le ferme espoir, monsieur le recteur, que le nouvel enseignement répondra aux besoins matériels comme aux intérêts moraux de notre bien-aimé pays.

Agréez, monsieur le recteur, l'assurance de ma considération la plus distinguée.

Le Ministre de l'instruction publique,

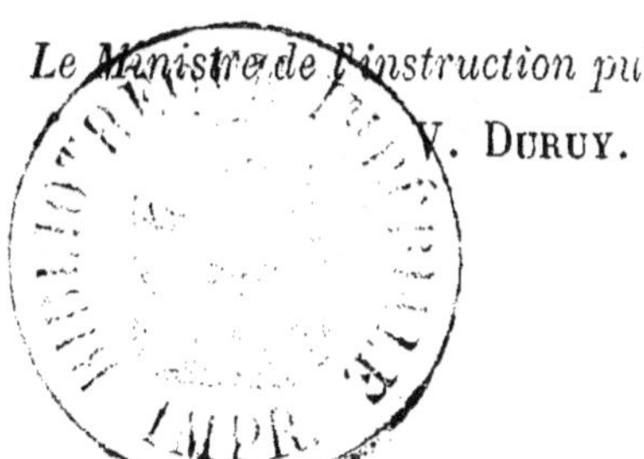

V. DURUY.

TABLE.

PROGRAMMES DÉTAILLÉS.

Enseignement secondaire classique.

DIVISION DE GRAMMAIRE.

TROISIÈME ANNÉE.

QUATRIÈME ANNÉE.

Instructions ministérielles relatives aux programmes d'enseignement secondaire.

Premiers éléments d'algèbre, par M. Sonnet, inspecteur de l'Académie
Paris. Ouvrage comprenant les matières indiquées par les programmes
septembre 1863 pour l'enseignement de la mécanique dans la section des
lettres, et précédé de ces programmes avec renvois aux pages, 4e édition.
vol. in-12, br.
2 fr. 50 c.

Petit traité d'algèbre, par M. Tarnier, docteur ès sciences. Ouvrage comprenant les matières indiquées par les programmes du 12 septembre 1863 pour
l'enseignement de la mécanique dans la section des lettres, et précédé de ces
programmes avec renvois aux pages. 1 vol. in-12. Prix, cartonné   2 fr. 50 c.

Éléments de cosmographie, par M. Cortambert. Ouvrage comprenant les matières indiquées par les programmes du 12 septembre 1863 pour l'enseignement de la cosmographie dans la section des lettres, et précédé de ces programmes, avec renvois aux pages, 2e édition. 1 vol. in-12 de texte et 1 vol. de
20 planches. Prix, brochés.
5 fr.
Chaque volume séparément.
2 fr. 50 c.

Notions de physique, par M. Bouet de Monvel, professeur de physique et de
chimie au lycée Charlemagne. Ouvrage comprenant toutes les matières indiquées par le programme du 12 septembre 1863 pour l'enseignement de la physique dans la classe de philosophie (section des lettres), et précédé de ces
programmes avec renvois aux pages, 6e édition. 1 beau vol. in-12, avec de
nombreuses figures dans le texte. Prix, br.
3 fr. 50 c.

Notions de chimie, par le même auteur. 6e édition, conforme aux programmes
du 12 septembre 1863 pour l'enseignement de la chimie dans la classe de philosophie (section des lettres). 1 vol. in-12, avec des figures dans le texte. Prix,
broché.
2 fr. 50 c.

Cours de chimie par le même auteur. Ouvrage comprenant les matières indiquées par les programmes du 12 septembre 1863 pour l'enseignement de la
chimie dans la section des sciences, et précédé de ces programmes avec renvois
aux pages, 5e édition. 1 beau vol. in-18 jésus avec des figures intercalées dans
le texte, broché.
5 fr.

Cours de physique, par le même auteur. Ouvrage comprenant les matières indiquées par les programmes du 12 septembre 1863 pour l'enseignement de la
physique dans la section des sciences, et précédé de ces programmes avec renvois aux pages. 1 très-fort volume in-18 jésus, avec de nombreuses figures intercalées dans le texte, broché.
7 fr.

Éléments de cosmographie, par M. Sainte-Preuve. Ouvrage comprenant les
matières indiquées par les programmes du 12 septembre 1863 pour l'enseignement de la cosmographie dans la section des sciences, et précédé de ces programmes avec renvois aux pages. 1 vol. in-18 jésus, broché.   2 fr. 50 c.

Premiers éléments de mécanique appliquée, par M. Sonnet, inspecteur de
l'Académie de Paris. Ouvrage comprenant les matières indiquées par les programmes du 12 septembre 1863 pour l'enseignement de la mécanique dans la
section des sciences, et précédé de ces programmes avec renvois aux pages.
e édition. 1 vol. in-12, avec planches.
4 fr.

Exercices de traduction d'anglais en français, à l'usage des classes de grammaire, par M. Eichhoff. Etude préparatoire aux morceaux choisis du même
auteur. In-12.
» »»

Exercices de traduction de français en anglais, à l'usage des classes de
grammaire, par le même auteur. In-12.
» »»

Les racines de la langue anglaise, expliquées et rangées par désinences, avec
un précis de grammaire et des tableaux étymologiques, par le même auteur.
In-12.
» »»

Exercices de traduction d'allemand en français, à l'usage des classes de
grammaire, par M. Eichhoff. Etude préparatoire aux morceaux choisis du même
auteur. In-12.
» »»

Exercices de traduction de français en allemand, à l'usage de
grammaire, par le même auteur. In-12.

Les racines de la langue allemande, expliquées et rangées pa
avec un précis de grammaire et des tableaux chronologiques par le
In-12.

Méthode uniforme pour l'enseignement des langues, par
agrégé des classes supérieures, docteur ès lettres

1° LANGUE FRANÇAISE.

Abrégé de grammaire française, par E. Sommer. 1 vol. in-12, car
Cours complet de grammaire française, par E. Sommer. In-8.
Exercices sur l'Abrégé de grammaire française, par A. Castillo
au collége Sainte-Barbe. 1 volume in-12, cartonné.
Exercices sur le Cours complet de grammaire française, par F. de
professeur au lycée Napoléon, 1 vol. in-8.

2° LANGUES ÉTRANGÈRES.

Abrégé de grammaire anglaise, par C. Fleming. 1 vol. in-12, cart.
Abrégé de grammaire allemande, par Th. Fix. 1 vol. in-12.
Abrégé de grammaire italienne, par P. Paoli. 1 vol. in-12. cart.
Abrégé de grammaire espagnole, par P. Hernandez. 1 vol. in-12

Sous presse, pour paraître très-prochainement :

Exercices sur l'Abrégé de grammaire anglaise.
Exercices sur l'Abrégé de grammaire allemande.
Exercices sur l'Abrégé de grammaire italienne.
Exercices sur l'Abrégé de grammaire espagnole.

En préparation :

Cours complet de grammaire anglaise.
Cours complet de grammaire allemande.
Cours complet de grammaire italienne.
Cours complet de grammaire espagnole.

3° LANGUES ANCIENNES.

Abrégé de grammaire latine, par E. Sommer. 1 vol. in-12, cart
Cours complet de grammaire latine, par E. Sommer. 1 vol. in-8.
Exercices sur l'Abrégé de grammaire latine, par F. de Parnajon
au lycée Napoléon. 1 volume in-12, cartonné.
Exercices sur le Cours complet de grammaire latine, par F.
1 vol. in-8, cartonné.
Abrégé de grammaire grecque, par E. Sommer. 1 vol. in-12, car
Cours complet de grammaire grecque, par E. Sommer. 1 vol. in-8.
Exercices sur l'Abrégé de grammaire grecque, par de Parn
in-12, cartonné.
Exercices sur le Cours complet de grammaire grecque, par F. de
1 vol. in-8, cartonné.

Des corrigés ont été publiés pour chacun des volumes d'exercices.

Paris. — Imprimerie de Ch. Lahure, rue de Fleurus,